Dificuldades acontecem.
Desistir não é a solução.

ESCOLHA
viver

ESCOLHA VIVER
Copyright © 2024 by Wanderley Oliveira
1ª Edição | Abril de 2024 | 1º milheiro

Dados Internacionais de Catalogação na Publicação (CIP)
(Câmara Brasileira do Livro, SP, Brasil)

Morales, Erbert (Espírito)
Escolha viver : dificuldades acontecem : desistir não é a solução / pelo espírito Erbert Morales ; [psicografado por] Wanderley Oliveira. -- Belo Horizonte, MG : Editora Dufaux, 2023.

200 pág. - 16 x 23 cm
ISBN: 978-65-87210-45-2

1. Espiritismo 2. Obras psicografadas 3. Suicídio - Aspectos religiosos I. Oliveira, Wanderley.

23-173068   CDD—133.93

Índices para catálogo sistemático:
1. Mensagens psicografadas : Espiritismo 133.93
Eliane de Freitas Leite - Bibliotecária - CRB-8/8415

Impresso no Brasil | Printed in Brazil | Presita en Brazilo

EDITORA DUFAUX
Rua Contria, 759 – Alto Barroca
Belo Horizonte – MG – Brasil
CEP: 30431-028
Telefone: (31) 3347-1531
comercial@editoradufaux.com.br
www.editoradufaux.com.br

FSC Conforme novo acordo ortográfico da língua portuguesa ratificado em 2008.

Todos os direitos reservados à Editora Dufaux. É proibida a sua reprodução parcial ou total através de qualquer forma, meio ou processo eletrônico, digital, fotocópia, microfilme, internet, cd-rom, dvd, dentre outros, sem prévia e expressa autorização da editora, nos termos da Lei 9.610/98 que regulamenta os direitos de autor e conexos.

"Ao adquirir os exemplares originais da Editora Dufaux, você estará nos ajudando a preservar os Direitos Autorais."

Dificuldades acontecem.
Desistir não é a solução.

ESCOLHA
viver

WANDERLEY OLIVEIRA
pelo espírito EBERT MORALES

Dufaux
editora

SUMÁRIO

Apresentação | Mensagens mediúnicas de filhos desencarnados por suicídio 9

Prefácio | Pedido de Bezerra de Menezes pelos suicidas. . . .11

Introdução | Realidade paralela: a nova tática das trevas para aumentar o número de suicídios 13

O que está acontecendo com a Terra. 19

1 | Mãe, eu estou sendo muito bem cuidado no Hospital Esperança 23

    Atividades de tratamento para suicidas no Hospital Esperança 26

2 | O meu momento fatal foi quando me senti fracassado . .29

    A maior realização do ser humano na Terra. 31

3 | Fui um homem no corpo de uma mulher 35

    A roda das reencarnações tem por objetivo a vitória 38

4 | Matei-me por sentir que eu era insuficiente para continuar vivendo 45

    Tratamentos emergenciais para evitar ovoidização 47

5 | O amor não mata. É a carência que destrói 51

    O mundo imaginário dos carentes 53

6 | Passei uma vida atormentada com medo de minha filha se suicidar 57

    Recrutamento de trabalhadores para serviços noturnos com suicidas. 60

7 | Eu não tinha coragem de me matar, mas não queria mais viver 67

Desistir da vida é um ato de suicídio. 69

8 | *Shambhala*, uma ilusão para quem se extermina. 75

Você pode encontrar uma *Shambhala* no mundo físico . .78

9 | Depressão: eu não queria morrer, só não aguentava minha vida 83

Honestidade emocional, a cura da depressão 86

10 | Eu não culpo meus pais. 91

Acolhimento aos familiares de suicidas 94

11 | O amparo de amor de dona Rosa Caveira e das Pombagiras Nazarenas. 99

Descrença, noite da alma 103

12 | A cura espiritual feita por Exu Caveira — como me salvei do suicídio. 109

Um pedido da equipe de Maria de Nazaré para os potenciais suicidas. 113

13 | O suicídio de um pastor evangélico 115

Fé não é só encontrar Deus, é encontrar a si mesmo. . . 116

14 | Fui rico de bens materiais, mas miserável de alegria e paz na alma. 121

Aparelhagem de recuperação para suicidas no Hospital Esperança 123

15 | Eu me achava a mulher mais feia do mundo. 129

Liberte-se de seus carmas interiores, essa é a hora! . . . 131

16 | O suicídio não resolve nada e se torna mais um problemão.. 135
    O que acontece com a energia vital de quem antecipa seu desencarne 138

17 | Foi uma igreja que salvou minha vida 143
    Vinde a mim os que estão cansados e oprimidos 146

18 | Suicídio e covid-19 151
    A pandemia emocional da inutilidade e a esperança no resgate da vida com dignidade 154

19 | Socorro aos potenciais suicidas silenciosos, os abatidos por dores ocultas 159
    Oração a Maria de Nazaré pedindo socorro 163
    Considerações sobre um suicida...................... 166
    Prece por alguém que se suicidou 167

20 | A destruição do corpo físico tem um preço muito alto.. 169
    Rejeição é um teste sobre amor-próprio 172

21 | Encontrei muito amor e bondade no mundo espiritual. 175
    Medo de viver e autoabandono....................... 177

22 | Você pediu para renascer sim....................... 181
    Reencarnação é um pedido de recomeço para a realidade 184

APRESENTAÇÃO

MENSAGENS MEDIÚNICAS DE FILHOS DESENCARNADOS POR SUICÍDIO

Tenho recebido a visita de diversos desencarnados, filhos, pais, mães, parentes, que me solicitam escrever sobre a importância de um luto psicológico e emocional por parte dos que ficam no mundo físico.

Os filhos desencarnados, especialmente, me dizem que dói muito ver seus amores, seus pais, sofrendo por não conseguirem realizar a passagem emocional da dor da perda para a aceitação.

Essa passagem é o que chamamos de enlutamento[1]; um processo psicológico necessário para saber lidar com os sentimentos pela perda afetiva do ente amado. Esse luto psicológico dura em média de oito meses a dois anos, sendo que alguns conseguem passar por ele com menos ou mais tempo.

---

1 Nome da experiência de luto vivida de acordo com os costumes e rituais sociais relacionados à perda de entes queridos. Os sentimentos e atitudes nas experiências do luto não são doentias, mas a expressão do sofrimento que esta vivência traz. (N.E.)

Nesses casos, ter saudade, memória de gratidão e amor são naturais, mas algumas pessoas não conseguem se libertar da dor, ficam eternizando o sofrimento dos desencarnados em suas vidas. A aceitação é uma postura que precisa de apoio, orientação e carinho para com quem sofre os efeitos dessa separação.

O que esses filhos desencarnados mais querem é ver suas mães e amores seguirem adiante, os recordando com alegria e não com pesar que, em muitos casos, é a soma dessa não aceitação misturada com amor. Esse processo requer cuidados terapêuticos. Há também muita culpa e muito medo escondidos em tanta dor.

Vamos ouvir o pedido dos desencarnados nessas mensagens como um ponto de partida para virar a página e seguir em frente na vida. Isso é bom para os que ficam e para os que estão na vida espiritual. Vai alegrá-los e dar paz.

Que Deus nos proteja e fortaleça diante das provas do desapego e amplie cada vez mais em nosso coração a alegria de viver.

WANDERLEY OLIVEIRA

PREFÁCIO

PEDIDO DE BEZERRA DE MENEZES PELOS SUICIDAS

Filhos amados, Jesus é conosco!

Em todos os tempos, a obsessão tirou vidas. As sombras sempre se organizaram para a queda de pessoas que lhes abrem as portas da desistência diante da reencarnação.

Um lamentável campeonato pelo suicídio encontra-se em andamento. Nas organizações trevosas, líderes ardilosos e atormentados promovem seus subordinados com base no número de mortes que provocam nas almas desprevenidas e hipnotizadas pela dor e pelo materialismo. Alcançam seus objetivos com muita facilidade diante de tanto desprazer em viver e da falta das aspirações nobres que tomam conta de milhões de seres humanos depressivos e abatidos pela desesperança no planeta.

Suplicamos a todos que multipliquem mensagens de alerta e socorro para que o esclarecimento auxilie a diminuir a extensão de tanta loucura e sofrimento nos caminhos da morte provocada.

Uma reencarnação, seja em que condições for, é bênção divina e cabe-nos fazer tudo ao alcance para honrá-la com o melhor aproveitamento de nossas experiências. Cooperemos com quem não tem conseguido avançar.

A obsessão nunca teve tanto peso sobre a escolha infeliz pela desistência da vida.

Estamos sempre enviando ao mundo as fontes de luz que o Mais Alto nos oferece. Rogamos aos irmãos de caminhada que sejam os refletores desses raios de esperança em forma de orações organizadas, reuniões socorristas, correntes de desobsessão, e toda iniciativa no bem para que os focos sombrios de tormenta possam se extinguir em favor da vida e da fé nos corações da humanidade.

Que o Senhor nos acolha na Sua excelsa bondade!

BEZERRA DE MENEZES

INTRODUÇÃO

REALIDADE PARALELA: A NOVA TÁTICA DAS TREVAS PARA AUMENTAR O NÚMERO DE SUICÍDIOS[2]

Durante séculos, os suicidas foram usados no plano espiritual como escravos sem qualquer consciência desse ato, para atormentar outras pessoas na vida física, afim de cometerem o mesmo ato infeliz. Um método cruel, desumano e de resultados certeiros, porque a energia do suicida desencarnado exala um halo de morte muito influente, desorientador e quase irresistível.

Muitos deles tinham donos, ou seja, o obsessor ou as falanges que conseguissem levá-los à tragédia da morte, tornavam-se também seus proprietários. Quadro triste e muito desumano, arquitetado pelas sórdidas falanges organizadas do mal no astral. Bastava a simples aproximação de um suicida, junto a alguém que estivesse mentalizando a própria morte,

---

2 Essa mensagem também foi publicada no livro *Mediunidade – a cura da ferida da fragilidade*, de Ermance Dufaux. (N.E.)

que o processo se concretizava; muitos deles instantaneamente, outros ao longo de um certo tempo.

Embora os processos de atuação obsessiva, para conduzir pessoas ao suicídio, continuem a existir, esse cenário mudou nas últimas décadas. Esse tipo de exploração diminuiu graças a várias campanhas para sanear os locais astrais de sofrimento, onde se aglomeravam milhões de suicidas, com o intuito de evitar a apropriação para fins cruéis e diabólicos.

Vales foram completamente extintos e transformados em ambientes de socorro e tratamento, restando escassos lugares que se mantém como territórios das sombras para colonização de mentes abatidas pela loucura da morte do próprio corpo físico.

No entanto, reduzida a proporção dessa exploração, outros mecanismos de domínio e escravização foram criados por aqueles que ainda insistem na defesa do mal.

Hoje a tática é outra. Está em andamento uma verdadeira disputa pela derrota existencial nos planos astrais inferiores. Usam agora a realidade paralela. Trabalham com a extrema dificuldade humana de adaptação ao mundo, com a inadequação psicológica e emocional aos princípios da justiça social, da política e da finalidade da existência. Em função desse piso mental, estimulam uma realidade alternativa na mente dos que apresentam dificuldades em se ajustar à vida e suas imposições.

São milhares de almas que renasceram no planeta nos últimos 30 anos, provenientes das mais diversas furnas do astral, carregando hábitos, formas de pensar e memórias marcantes adquiridas em outros tempos. Verdadeiros homens da caverna, se assim posso me exprimir, relativamente ao que pensam do mundo. Fazem parte de um projeto de limpeza e reorganização social do astral, embora as formas clandestinas e não orientadas pelos planos do bem, continuam a sofrer com o tráfico e planejamentos realizados em esferas inferiores no mundo astral.

Tais espíritos, venham de onde vierem, tenham ou não uma assistência espiritual de benfeitores, são escolhidos para renascerem totalmente fora dos padrões mais conhecidos de afinidade e/ou compromisso com os grupos familiares no mundo físico.

A maioria deles, aliás, tem suas reencarnações oferecidas em mercados clandestinos de renascimentos[3], grupos de espíritos que negociam corpos físicos em

---

3 Embora, aparentemente, seja uma realidade sob domínio das trevas, essa realidade ocorre com a permissão do mundo superior que vê nesse processo a oportunidade de redenção para as entidades envolvidas. (N.E.)

troca de espalhar ainda mais a mentira, a loucura e a maldade no mundo.

Existem também aqueles que, tutelados por benfeitores do renascimento, retomam o corpo físico em regimes expiatórios sem consciência de suas necessidades, ou com planejamentos sem muita definição de metas. São avalizados por benfeitores e pela família carnal em regime de adoção espiritual, em uma ação que ultrapassa todos os critérios mais conhecidos da elaboração de um projeto reencarnatório, que visa tirar o espírito do estágio de devaneio mental em que se encontra, com relação ao tempo e realidade mental.

Apresentam enorme dificuldade de se ajustar à vida física porque pensam conforme filosofias e ideias de outro momento da sua história; encontram nos filmes e nas séries a inspiração para seu desajuste, criando em sua mente uma ficção paralela a respeito de si mesmo, que nada mais é do que uma confusão entre o que vive na vida presente e recordações de vivências antigas de outras vidas corporais, ou ainda, de sua vida fora da matéria. Uma autêntica realidade paralela em sua vida mental. O suicídio parece-lhes um caminho ideal para ir ao encontro dessa realidade que não encontram na vida física.

Tais espíritos são facilmente induzidos às mais variadas formas de devaneio com a vida em razão de sua extrema dificuldade de ajustamento com a realidade. Possuem uma estrutura psíquica frágil e são, facilmente, alvo de influenciação. Sentem-se extremamente vazios de referências e totalmente sensíveis a dor de quaisquer ameaças dirigidas a eles.

As ciências psíquicas terão que ultrapassar os limites de suas bases e raízes para atender esse tipo de doente. Os resultados surgirão à medida que esses espíritos entenderem claramente o que lhes acontece, e serem acompanhados nos esforços penosos de melhoria que terão de fazer para instalar um clima interior, minimamente aprazível para continuarem com vontade de viver e avançar nas suas reencarnações.

A medicina terá que integrar as bases do espírito imortal e aprofundar os conhecimentos em torno de novos diagnósticos que vão eclodir no planeta nas próximas décadas, em busca de métodos e técnicas que acolham a enfermidade do desajuste e da não adaptação frente a uma realidade paralela vivida por tais corações.

EBERT MORALES

O QUE ESTÁ ACONTECENDO COM A TERRA[4]

Existe uma energia poderosa realizando profunda transformação no planeta: a da Verdade. Ela vem de fontes superiores, emana da aura dos Mestres Ascensionados[5] sobre toda a nossa casa terrena.

Essa energia é esterilizadora, cirúrgica e vitalizadora. Opera mudanças essenciais e necessárias nas mentes humanas.

A função dessa força é tirar o mundo da mentira construída pelos homens, da aceitação da falsidade, revelar a autenticidade por fora e por dentro da humanidade.

Essa energia, praticamente, os obriga a rever crenças, a abrir mão da teimosia em querer a vida do jeito que acham que deve ser, e a renunciar à tentativa de posse sobre as pessoas que amam. É o momento

---

4 Esta mensagem foi psicografada por Wanderley Oliveira na madrugada de 13 de fevereiro de 2019 enquanto Pai João de Angola escrevia o livro *Guardiãs do amor – a missão das pombagiras na Terra*. (N.M.)

5 A nomenclatura "Mestres Ascensos" define um grupo de seres que alcançaram grande evolução espiritual, após diversas encarnações como seres humanos. (N.E.)

de completa revisão no conceito do amor, da justiça e da verdade.

Quem resiste ao toque renovador dessa frequência da autenticidade paga um alto tributo interno. O efeito é uma dolorosa sensação de desamparo e desorientação mental que retira o sentido de viver. Essa dor abre a frequência da angústia, do medo, do desespero e da tristeza. Um pesado estado íntimo de desassossego interior e cansaço com tudo.

Há um fluxo imperativo que determina uma mudança urgente do ponto de vista da aceitação sobre como a vida acontece e como as pessoas se organizam para seguir o seu destino e o seu mapa pessoal.

O núcleo de tudo isso é simples e claro: ou você muda o que já sabe que precisa mudar, ou a vida vai desmoronar à sua volta, reciclando freneticamente as suas ilusões.

Os seus pontos de vista e formas de entendimento já não lhe servem mais. Chegou a hora de decisão. Hora da Verdade sobre quem é você.

Dói muito mais resistir, que mudar. A expressão da sua autenticidade é curativa, calmante e revitalizadora.

A Energia da Verdade solicita coragem para decidir, humildade para desapegar do que lhe sustentou até agora na forma de ver o mundo e muito respeito com o que você não consegue compreender por enquanto.

A vida não vai ser como você quer. As pessoas não serão como você gostaria.

Abra mais os seus olhos. Intensifique mais a sua percepção.

SERAPHISBEY[6]

---

6 SeraphisBey é considerado um dos *Mestres da Sabedoria Antiga* e Mestre Ascensionado da Grande Fraternidade Branca. Ele é considerado como o Senhor do Quarto Raio.

CAPÍTULO 1

MÃE, EU ESTOU SENDO MUITO BEM CUIDADO NO HOSPITAL ESPERANÇA

Mãe, chegou a hora de eu poder te falar algo. Eu fiz várias visitas a senhora. Foi muito bom para que eu sentisse o meu egoísmo. Ver sua dor com minha morte quase me matou de novo.

Mãe, eu prometo que não vou mentir dessa vez. Chega de mentiras. Tudo que eu te falar é de verdade.

Eu não senti dor com aquela corda. Juro que não. É tudo muito rápido. A dor veio depois. A dor de sentir que aquilo que eu queria acabar, não acabou. Continuei vivo e sem vontade de viver. É uma outra corda, essa sim, que prende o coração, sufoca a alma e dói.

Vovó Ana estava presente na hora infeliz. Fez tudo ao alcance dela para me impedir. Como não conseguiu, chamou ajuda especializada, amigos bravos. Havia vários homens fortes como se estivessem à minha espera. Eu escutei muita discussão, gritaria e pancadas. Naquele momento não entendia o que acontecia, até porque fiz uso intenso das malditas drogas na hora final.

Depois vi que era uma briga. Aquelas pessoas do bem, estavam ali para me proteger e me defender de vampiros. Eu fui direto para um hospital. Não senti dor física, mãe, apenas a alma continuava sem vida como sempre. Nada de novo. Porém, a dor da alma era mais forte. Minha mente piorou bastante.

Hoje estou aqui, melhor, com um pouco mais de vontade de avançar. Já consigo sentir prazer nas pequenas coisas e fazer atividades que me motivam.

Estou em tratamento rigoroso. Que ato infeliz! São passados anos, né? E continuam os cuidados. Sou considerado e me considero um doente grave e perigoso, imagina só! Pelo menos agora eu aceito que sou um doente, mãezinha. É verdade mesmo. Foi preciso morrer para ver isso, né?

Tudo isso eu te conto não para aumentar sua dor. Tudo isso eu te conto para dizer que você não tem culpa nenhuma por eu ser assim. Ao contrário, o que você me deu foi além do que eu merecia e precisava. Você me deu a vida, e eu a desprezei, pois não a encontrei dentro de mim.

Vovó Ana está me explicando, devagarzinho, porque sou assim. Não posso saber de tudo de uma vez.

Você me deu amor e não consigo sentir isso até hoje, mãe. É comigo o problema, mãezinha. Você foi ótima, foi linda, foi uma deusa que abençoou meu caminho. Eu é que sou um enfermo de egoísmo.

Sou um espírito doente. Já renasci assim. Fiz muitas besteiras nas outras vidas e tenho muita dor por dentro. Já fiz muita gente perder a chance de viver. Hoje purgo minha tristeza. Não foi culpa sua, mãe.

Quer me ajudar? Perdoe a você por achar que faltou algo de sua parte. Não faltou. Quer me ajudar? Vá viver e contar a todos sobre esta minha carta. Aliviar a dor de outras mães que também pensam que seus filhos morrem por elas não serem boas mães.

Não mãezinha, você foi um anjo. Atenda meu pedido e perdoe-se. Fui eu que acabei com minha vida física e é você quem sofre mais que eu? Não é justo. Fui eu que, aparentemente, morri e é você que está sendo enterrada na depressão e na angústia. Isso não é justo!

Não me faltaram pais espirituais por aqui. Aceite meu pedido. Vamos fazer um acordo? Seja feliz para que seu filho do lado de cá encontre motivos para te visitar outras vezes e ter a alegria de saber que a vida está recomeçando para todos nós. Acordo feito? Eu nunca te pedi ajuda de tão egoísta que sou, mas estou pedindo agora. E não é por mim, é por você.

Agradeço ao médium que me ouve e sente meu calor. Eu nunca fiz isso e estou me sentindo como se estivesse na matéria novamente. Como isso é bom. Dá vontade de não sair.

Agora já vou, obrigado, eu não mereço tanta atenção. Vovó Ana está me puxando de volta. Não sei seu nome e nem quem é, mas obrigado. Nunca vou esquecer esse minuto.

Vamos vovó, eu não consigo ficar mais aqui!

ALCINDO MAIA

ATIVIDADES DE TRATAMENTO PARA SUICIDAS NO HOSPITAL ESPERANÇA

Mãezinhas queridas e famílias amadas, escutem com muita atenção o apelo de Alcindo Maia.

Nas atividades de assistência espiritual a suicidas, aqui no hospital, nosso lema é retirar das regiões inferiores, o mais rápido possível, quem provocou sua própria morte.

Os tempos mudaram. As campanhas preventivas de socorro aos espíritos de suicidas, organizadas pelas esferas maiores do mundo espiritual, trabalharam heroica e persistentemente nas últimas cinco décadas para extinguir esses núcleos no astral, impedindo que muitos deles atravessem essa zona de perturbação por tempo muito longo. Um verdadeiro processo de limpeza dos umbrais e das regiões abismais. Isso não só na psicosfera do Brasil, mas também do mundo inteiro.

Trata-se de uma campanha inspirada pelo próprio Cristo, que faz parte de um objetivo bem mais amplo de suavizar as camadas de dor na Terra, em sua esfera astral. O objetivo da campanha foi eliminar os abusos da escravização dos suicidas fora da matéria. Mas o amparo não tem faltado a ninguém para que não se tornem escravos de legiões da maldade em zonas purgatoriais. No plano astral, ninguém fica órfão do amor divino!

Foi uma vitória sobre as organizações trevosas no mundo extrafísico. A dor do suicida, em qualquer tempo e lugar, é uma semeadura infeliz da qual ele somente se livrará a duras penas, por meio da reeducação íntima e tratamento para resgate do reequilíbrio.

Enquanto essas zonas de dor estavam sendo limpas, doutor Bezerra de Menezes e Eurípedes Barsanulfo, adquiriam tecnologia interplanetária para recomposição do perispírito lesado nos casos de suicídio.

Nos anos 60 e 70, ampliaram as alas de serviços, os leitos triplicaram e os assistentes e especialistas no tema passaram a ter um volume acentuado de trabalho. Os frutos já são colhidos.

Foram instaladas no hospital Câmaras de Recomposição de Cadeias do DNA que, depois da lesão profunda desse tipo de morte agressiva, são alteradas. Nessas câmaras, alguns casos muito graves, chegam a ser internados por um tempo longo até atingir um estágio de recuperação da consciência e da sua forma perispiritual lesionada pelo ato impensado.

Tudo muito organizado e feito com amor incondicional.

Os servidores tornam-se uma família e os assistidos tornam-se seus filhos, cuidados com muito carinho e profissionalismo, bondade e atenção. Nas alas, os terapeutas e profissionais da vida psíquica se revezam em contínua assistência, dia e noite. Nunca falta alimento e remédio, orientação e alívio.

Mães e pais, atendam ao apelo de Alcino e continuem suas vidas. Transformem a dor em saudade e boas lembranças.

A vida segue para todos e jamais a divina providência abandonará qualquer um de seus filhos.

CAPÍTULO 2

O MEU MOMENTO FATAL FOI QUANDO ME SENTI FRACASSADO

Recebam meus cumprimentos.

Meu dia fatal não foi quando acabei com a vida do meu próprio corpo. Meu dia fatal foi quando abriguei no coração a ideia de que era um fracassado, que não valia nada, e que ninguém se importaria se me matasse. Acreditava que não faria falta a ninguém, que não tinha importância, e nem valor.

Para que viver assim, se para mim a inutilidade era a principal dor?

Dor que mata, que rasga a alma no que há de mais profundo.

O tempo passava e nada mudava. Não existe nada pior para quem se sente um lixo do que olhar as pessoas em volta sorrindo e vivendo, enquanto você é um trapo, um resto!

Não pensei duas vezes.

Hoje ainda sinto essa profunda dor do abandono, o abandono com que eu tratei a mim mesmo. Esse abandono que faz com que nos sintamos um ser à parte, diferente, e, porque não dizer, uma aberração.

Sim, ainda me sinto assim. Tirar a vida física de nada adiantou.

Pelas informações, passei anos sofrendo as dores físicas do meu ato. Mesmo sem ter o corpo, a sensação era de que possuía todos os ossos quebrados como agulhas internas a me espetarem. Hoje, sinto-me mais aliviado.

Sou de Tapejara e me joguei de alto a baixo. Fiz assim para não ter a menor chance de sobrevida.

Já imaginaram o que é chegar quebrado em uma maca? Senti todas as dores. E foi assim que cheguei aqui a essa casa espírita[7].

Mas agora, isso já passou. Essa casa de orações foi luz nos meus momentos de angústia.

---

7 Mensagem psicografada na Associação Espírita Ramatis Caminhos de Luz, em Tapejara, Rio Grande do Sul, em 14/07/19, pelo médium Wanderley Oliveira. Esse grupo mantém um trabalho com suicidas sob amparo da legião de Maria de Nazaré.

O primeiro alívio veio quando alguém espalmou as mãos sobre mim[8]. Não sei quem era. Apenas sei que foi o primeiro instante de paz e esperança. Não tinha clareza sobre o que seria aquilo. Foi muito bom! Imediatamente as dores aliviaram.

Hoje consigo ficar em pé sozinho e sem ajuda. Foram vocês, trabalhadores dessa casa de amor, que, pela primeira vez, fizeram eu me sentir AMADO. Escrevo bem grande para expressar o que senti. AMADO.

Gratidão por esse carinho. Recomecei e quero ser útil.

ROMUALDO

A MAIOR REALIZAÇÃO DO SER HUMANO NA TERRA

Uma das principais razões do ser humano adiar sua felicidade é resistir à ideia que necessita de algum tipo de ajuda. Essa resistência psicológica resulta em um ato todo-poderoso, uma fuga escolhida que afasta as soluções e os caminhos que poderiam abreviar as provas.

Na cultura ocidental, foi implantada a ideia de que ser adulto e independente é vencer sozinho e a

---

8 Aqui podemos inferir que o espírito desencarnado incorporou no médium e, nesse momento, recebeu uma doação energética por meio do passe. (N.E.)

qualquer preço. Como se ser forte e vitorioso fosse sinônimo de maturidade. Como se o sucesso fosse o objetivo maior da existência.

Na realidade, sob uma perspectiva espiritual e histórica, somos espíritos frágeis e indefesos e quem deseja força real tem que fazer contato com sua sombra[9], reconhecê-la e educá-la. A Terra é um lugar de fragilidade, essa ferida milenar que acompanha a todos e que cria os adornos da falsidade e da mentira, da ilusão e do orgulho.

O efeito desse caminho sombrio é o registro interior de uma profunda sensação de fracasso, de fraude, de ser um impostor perante a vida. É a dor de não acreditar em si próprio; a ignorância a respeito de sua mais legítima autenticidade.

Reconhecer o limite de nossas habilidades e valores é libertador. É não ter que impressionar o meio onde se vive com uma identidade de aparências exteriores.

Romualdo escondeu de si e do mundo a dor de ser incapaz, a sua dor de ser inútil. Tentou provar o contrário e carregou um peso incalculável de mentiras

---

9 "É a parte da personalidade que é por nós negada ou desconhecida, cujos conteúdos são incompatíveis com a conduta consciente." *Psicologia e espiritualidade*, de Adenáuer Novaes.

sobre si mesmo. Sentiu-se o mais solitário dos seres ao criar essa novela mental para si mesmo.

Hoje, desperto para a verdade, compreende seu estado interno e reconhece sua enfermidade, reconhece a origem de sua inquietude e de seus dissabores com a vida que teve no corpo físico.

Um dia, Romualdo renascerá no corpo físico e será provado novamente em suas dificuldades. Ninguém escapa ao autoenfrentamento, pois ele é o único processo capaz de curar e permitir a libertação emocional e espiritual perante a consciência.

Romualdo terá desafios ainda maiores e as orientações de agora, fora da vida material, lhe servirão de avisos preciosos no novo teste. Ele vencerá, certamente. Nosso trabalho no Hospital Esperança visa preparar sua mente para o embate futuro.

Casos similares ao dele são tratados com precisão em nossas alas socorristas. É um volume de dores inenarráveis. Muito sofrimento e loucura acompanham os suicidas.

Fique o alerta aos que se encontram na vida material. As almas marcadas pela ferida da fragilidade costumam confundir frustração com fracasso.

Desapontamentos nos projetos, decepções nas expectativas, mágoas diante das dores, contrariedades do desejo, desencanto com pessoas, desgosto com situações, desilusão com a vida: nisso tudo se resume a frustração.

Contudo, isso não significa queda, insucesso, derrota, reprovação, incompetência, marginalização e azar.

Reencarnar em um mundo de provas e expiações como a Terra, é passar por teste se não se sair tão bem quanto desejaria, isso faz parte. O planeta é um lugar de aprendizado. Ninguém tem a obrigação de ser bom e capaz o tempo todo.

É um lugar de contínuas frustrações.

Fracasso é forma de interpretar.

Não existem fracassos, existem resultados. O resultado daquilo que podemos fazer de melhor. Nada mais que isso.

A adaptação à realidade é o ponto fundamental. Aceitar-se. Compreender seus limites, buscar apoio e avançar sempre para frente. A maior realização é sentir-se feliz consigo próprio. Sentir-se amado por si mesmo. Isso preenche o vazio interior. Traz alegrias e nunca permite que retire o sabor de que a vida vale a pena.

Aprender a se amar é a cura da ferida da fragilidade!

C A P Í T U L O   3

FUI UM HOMEM NO CORPO DE UMA MULHER

Desde muito pequena, eu não sentia ser uma menina. Voz e jeito masculinos num corpo totalmente feminino. Sempre fui muito bonita. Quando mulher, tinha um corpo maravilhoso, mas com alma de homem.

Corriam os anos 90 e já se discutia muito a questão de gênero sexual. Com 13 anos, dei o primeiro beijo em uma menina. Foi arrebatador. Assumi definitivamente minha sexualidade masculina. Cheguei a ler tudo sobre cirurgia[10]. Além de inviável financeiramente para meu nível social, era algo que, para ser feito, tinha que ir para fora do país.

O pai de minha namorada, delegado machista e mau, descobriu tudo e me ameaçou de morte. Colocou a arma na minha cara. Eu não suportei tudo que rolou depois. Um autêntico e cruel *bullying*[11] familiar e

---

10 Cirurgia de Redesignação Sexual (CRS): procedimento cirúrgico no qual as características sexuais e genitais de nascença de uma pessoa são mudadas para as do gênero que ela se reconhece.

11 O *bullying* é um conjunto de atitudes de agressão e intimidação repetitivos contra um indivíduo que não é aceito por um grupo. Consiste em violências que se repetem por um período.

social. Sofri muito. Cheguei a ser agredido fisicamente por meninos que gostavam de minha parceira.

Mas, tudo isso, que foi extremamente nocivo, não se compara com a dor de ter ouvido de meu pai a frase que ecoa até hoje em minha mente: "Tive com sua mãe uma filha, e não um filho! Portanto, você não tem mais pai!". Olhando tudo aquilo, minha mãe entrou em desespero e depressão, embora me amasse muito e tivesse todo um carinho comigo.

Foi o fim. No ano de 1995, eu não conseguia comer, dormir e nem pensar corretamente. Nada fazia mais sentido. Desisti da vida muito nova. Tinha pouco mais de 16 anos. Adorava Kurt Cobain[12], que se suicidou, e me inspirei nele para escolher meu tipo de morte.

Já faz muitos anos e nem gosto de me lembrar do que passei. Acompanhei a própria decomposição de meu corpo...

Até hoje não tenho nenhuma informação e nem autorização para visitar meus pais. Imagino o que passaram. Fui acolhida, amada e orientada na vida dos espíritos por uma avó querida, mãe de meu pai. Eu não a conheci quando encarnada.

---

12 Kurt Cobain foi um cantor, compositor e músico norte-americano, da banda Nirvana. Morreu aos 27 anos de uma overdose.

O perdão é algo que ainda está em fase de gestação. São muitas etapas íntimas a vencer para chegar a esse ideal. Perdoar a mim, ao meu pai e a todos que, em nada, contribuíram para que eu vivesse de forma digna.

A única coisa que diminuiu um pouco minha dor, do lado de cá, foi conhecer parte de minha história de outras vidas. Fui mesmo um homem, desalmado e impiedoso, que usou do sexo com toda forma de violência, que nem quero expor aqui. Trazia em mim essa frequência de desamor e agressão.

Definitivamente, o amor é a maior meta de toda a evolução humana. A exemplo de um canteiro gracioso de plantas e flores divinas, temos que entender que toda erva daninha semeada por nós deverá ser colhida até que nossa sementeira individual esteja limpa, arejada e viçosa novamente, para florescer em sintonia com a bondade celeste.

Saber de meus roteiros infelizes trouxe-me alento. Para muitos, eu sei que seria fonte de mais desespero e abatimento. Para mim foi esclarecedor saber que nada na vida, nesse planeta de tanta dor e tormenta, deixa de ter algum sentido educativo e curativo.

Que grande equívoco me matar. Perdi uma ocasião abençoada de reparação e crescimento. É a única coisa em tudo que fiz que não valeu a pena.

Por isso, eu chamo a sua atenção. Eu escrevo do além para te dizer que não existe morte.

Seja qual for sua dificuldade, peça ajuda fora de casa. Procure uma organização de amparo. Faça qualquer coisa boa para te dar suporte, menos se matar.

Eu ainda sou muito infeliz, mas já comecei a fazer algo de bom por outras pessoas que, infelizmente, escolheram o mesmo caminho de sofrimento.

O suicídio é um terror!

Que Deus nos livre dessa infelicidade.

ANGÉLICA

A RODA DAS REENCARNAÇÕES TEM POR OBJETIVO A VITÓRIA

Nos últimos 40 anos do século 20, de 1965 a 2005 para ser mais preciso, tivemos um índice assustador de jovens, adultos, e até idosos, se suicidando por conta de questões sexuais.

A predominância era de conflito de gênero. O conceito social e religioso, ainda fortemente opressores naquela época, jogaram muitos na dor da angústia; tanto, que alguns desistiram da vida.

Angélica experimentou esse cenário a tal ponto de gravidade que acabou com sua vida física. Da angústia ela tombou na depressão; da depressão ela abriu as portas para a fragmentação do pensamento, um termo técnico[13] que indica o caminho da loucura.

Começou a se ver como um homem. Não era imaginação. Era uma volta ao passado. Ela se via como foi um dia. Esse processo de regressão a vidas passadas por meio de sofrimentos psíquicos é a porta que se abre para casos graves de doença mental.

Mesmo aqui, internada no hospital, já há certo tempo, em uma tarde, fui acompanhá-la em uma atividade de fisioterapia pulmonar e a cumprimentei:

— Boa tarde, Angélica!
— Eu não me chamo Angélica. Sou Rodolfo, filho de Conde de Sainte-Juliette.
— Boa tarde, Rodolfo! –Respondi ciente de que algo não estava bem.

---

13 O termo é desagregação do pensamento, afrouxamento dos nexos associativos. (N.E.)

— Por que você insiste em me chamar de Angélica? Por que me trata como se fosse um louco?

— Rodolfo, você sabe onde está?

— Claro que sim. Estou em Sainte-Juliette, dia 4 de março de 1865.

— Sabe quem eu sou?

— Dr. Ebert Morales.

— Por que acabou com sua vida no plano físico, Rodolfo?

— Porque o demônio queria que eu me transformasse em mulher.

— Você já fez algo como homem para que o demônio fizesse isso com você?

— Nunca!

— Tem certeza ou não quer se lembrar?

— Você sabe o que aconteceu doutor?

— Sim, eu sei.

— Então por que pergunta?

— Porque você precisa falar sobre isso. Do contrário sua doença mental vai se agravar.

— Eu já matei o corpo físico. Isso é o que importa!

— Mas não está livre das tendências e nem das culpas. O velho e másculo Rodolfo que se apaixonou por um homem está vivo e te atormenta. Enquanto não fizer as pazes com ele, sua mente será um ambiente de barulho e perturbação.

— Não tenho nada a dizer. Detesto homens.

— Não, você não detesta. Ao contrário, você amou de verdade a um homem. E não havia nada de errado nisso, a não ser sua própria confusão mental opressora.

— Você não pode me julgar doutor!

— Não é julgamento meu filho, é fato. E, diga-se de passagem, um fato digno.

Na sua última encarnação, tudo que você fez às mulheres foi imoral e sádico. Mas na hora do amor verdadeiro, você escolheu a dor da fuga.

— Naquele lugar, ninguém aprovava que um homem pudesse amar outro homem. A igreja impedia.

— Eu sei disso, Rodolfo. E lamento. Esse tipo de mentalidade patrocinou muita tristeza e dor na humanidade.

— Eu quero me matar novamente. Não há outra saída. Se um suicídio não foi suficiente, vou tentar novamente e ninguém vai me impedir.

— Mas eu vou te impedir sim, Rodolfo. Você não vai mais atentar contra si mesmo. Terei que mantê-lo preso e isolado por um tempo.

— Não fará isso. Eu não deixarei.

— Você não pode me impedir, meu filho. Aqui, você é um paciente e não determina mais sobre sua vida. Pelo menos, por enquanto, até que um dia regresse ao corpo físico.

Foi uma conversa longa e triste. Angélica estava em surto psicótico. Presa no passado e na personalidade de Rodolfo[14].

Até conseguirmos enviar uma mensagem mediúnica ditada por ela, foram várias fases enfrentadas em sua recuperação. Hoje está melhor, ainda medicada e em tratamento, mas lúcida sobre sua história.

Rodolfo cometeu muitos crimes com mulheres. Tinha um profundo repudio a figura feminina. Algo que aconteceu antes mesmo de sua reencarnação como Rodolfo.

O fio das reencarnações se entrelaça. O objetivo de voltar ao corpo é vencer essa roda das reencarnações e estabelecer caminhos novos.

Angélica poderia ter olhado para seu corpo feminino, tão desejado e encantador, e escolhido uma vida com dignidade, embora fora dos padrões da época.

---

14 Nesse caso, Angélica-Rodolfo apresenta um conflito de personalidade, o que perturba o espírito; e a forma como ele se manifesta é muito variável.

Voltar ao corpo é sempre assinar um compromisso de vitória, triunfo e iluminação. Quem desobedece a esse princípio, colhe frutos muito amargos e indigestos.

A sexualidade tem diversas expressões morfológicas e afetivas. Vivida com dignidade, amor e responsabilidade é um caminho iluminativo e libertador.

CAPÍTULO 4

MATEI-ME POR SENTIR QUE EU ERA INSUFICIENTE PARA CONTINUAR VIVENDO

Já são passados mais de 20 anos de tratamento, dor e duras lições. Meu ato infeliz só me trouxe novos problemas, além dos que já possuía.

Deixei uma filha de dois anos ao ingerir todos aqueles remédios.

Achava-me insuficiente. Não me via como boa mãe, como esposa amorosa, como filha dedicada e, por fim, não me sentia bem por pertencer à raça humana.

Para que ser alguém com tanta dor interior? Que sentido tem isso?

Gostava muito da igreja. Nela eu me sentia melhor. Um dia, não sei se um anjo ou demônio (quem sabe um demônio disfarçado de anjo), após uma oração, veio-me a ideia de que o céu seria um lugar melhor. Que pessoas como eu não mereciam viver na Terra. Que, aqui, não mereciam ser felizes.

Faz três anos, aproximadamente, que saí da internação no Hospital Esperança, um lugar maravilhoso que me aceitou como sou. Passei a frequentar as escolas. Estou em profundo arrependimento por saber com clareza o que representou meu suicídio, perante as leis divinas.

Eu realmente não tinha essa noção, mesmo já estando tanto tempo por aqui, para mais de 20anos. Consta que meu tratamento foi atípico e dei muito trabalho aos responsáveis.

Hoje, melhor mentalmente, consigo iniciar uma nova etapa.

Consegui permissão para visitar minha filhinha que, hoje, tem uns 25 anos. Poderei vê-la de perto. Estou em preparo para esse momento. Sei que para mim não será fácil!

Pela primeira vez, em tanto tempo, senti a vontade de experimentar algumas coisas que gostava quando na vida física. Não me lembrava mais dessas sensações. Comidas, lugares e lembranças começaram a passar, espontaneamente, em minha mente. Segundo os médicos, isso é muito bom.

Estou em intenso processo de terapia para entender as razões mais profundas de minha dor em não se sentir apta, capaz e suficiente.

Quanta dor causei a mim mesma e aos meus amores, simplesmente por não entender minha vida emocional. Descobri que as pessoas que considerava normais também sentem essa dor. Isso me deu alívio, me trouxe para a realidade e me encheu de esperança. Algo que não tinha enquanto na vida material.

Quero recomeçar. Sei que um dia conseguirei um novo corpo e terei todo amor à vida. Eu quero muito seguir esse caminho e sei que conseguirei. Estou sendo muito bem orientada pela bondade dos benfeitores de luz.

Tenham esperança na vida. Sempre e sempre!

ANA LUIZA

TRATAMENTOS EMERGENCIAIS PARA EVITAR OVOIDIZAÇÃO

— Dr. Inácio, o caso da Ana Luiza se agravou. Ontem tivemos que interná-la novamente.

— Em que situação, Ebert?

— Fragmentação total dos corpos[15], estágio avançado de "decomposição" do perispírito.

---

15 Podemos entender essa fragmentação como uma perturbação energética entre os corpos dificultando a expressão da essência divina que verte por

— Em que nível isso chegou?

— Sua garganta está completamente vedada. Tivemos que iniciar o procedimento de intubação e oxigenação artificial. Escamação e pus intenso na glote.

— Qual o tempo de estadia dela no hospital desde o ato infeliz?

— São três anos de tratamento e só se agrava.

— Já foi levada às câmaras de regeneração[16]?

— Ainda não. Por agora, não temos vaga.

— São muitos na fila?

— Temos hoje 43 pacientes em estado de inconsciência e intubados na sala de emergência e todas as 400 câmaras já estão ocupadas.

— Leve-a para a emergência. Não vejo outro caminho. Aplique sedação total e a mantenha em regime de vigilância.

Ana Luiza esperou aproximadamente seis meses em completa inconsciência, assim como aqueles outros 43

---

meio dos corpos sutis superiores. Esse desequilíbrio pode se expressar nas enfermidades.

16 No livro *Nosso lar*, de André Luiz, psicografia de Chico Xavier, no capítulo 27 encontramos referência às Câmaras de Retificação, que acreditamos ter relação com estas mencionadas aqui: "As Câmaras de Retificação estão localizadas nas vizinhanças do Umbral. Os necessitados que aí se reúnem não toleram as luzes, nem a atmosfera de cima, nos primeiros tempos de moradia em Nosso Lar."

casos de inconsciência e intubação que, por diversas razões, chegaram a essa condição lamentável.

O nosso serviço junto a esses 44 internos na emergência exige uma vigilância de 24 horas. Um monitoramento severo. O cenário de deterioração perispiritual é lamentável e imprevisível.

A olho nu, vemos o corpo espiritual se decompor, obrigando-nos a medidas restaurativas graves e chocantes, para não permitir a ovoidização[17].

Só quando entram para a câmara de regeneração eles conseguem restaurar essa condição.

Alguns casos são tão severos que somos obrigados a interromper o atendimento de alguns pacientes que já estão nas câmaras, e em situações menos graves, para colocar o enfermo que está em pior situação, a fim de não perder o tempo de correção, período em que o perispírito ainda apresenta condições de reverter o processo de ovoidização.

Mesmo com parcerias com outros núcleos, a demanda em casos de suicídio aumenta e a estrutura sofre

---

17 A ovoidização é um processo no qual, após o desencarne, o corpo astral - envoltório semimaterial do espírito e onde se encontra todos os órgãos e estruturas biológicos necessários à vida no plano físico - passa por processos de degeneração e assume a forma ovalar. Quando isso acontece, ocorre o que se chama de "segunda morte". (N.E.)

colapso ou estrangulamento no uso dos leitos. É um trabalho ímpar para impedir a segunda morte. Imaginem quantas situações como essas ocorrem, quando os espíritos ficam sem a assistência prestada a tempo.

Infelizmente, existem ainda regiões no astral inferior que agrupam essas criaturas, embora a determinação divina seja a de sanear, pouco a pouco, todos esses purgatórios emergenciais.

CAPÍTULO 5

O AMOR NÃO MATA. É A CARÊNCIA QUE DESTRÓI

Meu nome é Claudia e sou do interior de São Paulo.

Tirei minha vida física com um disparo na cabeça. Minha história, hoje sei disso, é o retrato da carência afetiva da qual padecem muitas mulheres.

Fui uma tola, uma desmiolada. Sofri "por amor". Não suportei o peso da mágoa. Esperei muito de quem não tinha nada para dar. Aquele homem ainda estava confuso pelo fim do seu casamento, e eu também. Nós nos encontramos no pior momento de nossas vidas. Mas, naquela ocasião, ele representou a chance do recomeço e a esperança de viver um grande amor.

Quando ele deu o primeiro sinal de dúvida, eu me desesperei. Entre minha separação e o novo relacionamento passaram-se apenas seis meses. Ele era tudo o que sempre sonhei, reavivou dentro de mim a chama da vida. E, de repente, ele disse que voltaria para sua ex-esposa.

A tragédia interna estava consumada. Cheguei a procurar locais de magia para que o fizessem enxergar o amor que tinha por mim. Foi tudo em vão. Ele decidiu mudar de estado. Foi para longe de mim.

Afundei-me ainda mais no padecimento emocional da carência e do abandono. Sentia-me um ser sem qualquer valor; e toda a minha vulnerabilidade veio à tona.

Os amigos e parentes ficaram preocupados com o que eu dizia. A depressão se instalou e fui totalmente aprisionada na cela da derrota, da infelicidade e da solidão.

Mais de 40 anos de vida jogados na sarjeta da revolta. Já se passaram mais de 15 anos do suicídio. Passo ainda por severos tratamentos médicos na recuperação da cabeça. Dores sem conta me atormentam e tenho convulsões ocasionais. Antes eram diárias.

Avancei muito no entendimento do ciclo emocional da carência e da falta de aceitação.

O pior é perceber que, além de tantas dores adicionadas à minha condição de doente, continua lá no fundo da alma aquela falta, aquele sofrimento para me sentir amada, a falta de um amor verdadeiro.

Nem sei o motivo pelo qual uma vida falida como a minha poderia ser útil a alguém. Sigo o que os benfeitores me orientam; escrevo arrependida e com um pouco mais de esperança de que, um dia, possa recomeçar da forma certa o meu caminho.

Não tenho a menor autoridade para falar sobre amor. Em verdade, ainda sofro por pensar nessa palavra. Eu quero o bem. Acredito no futuro. O amor não mata. É a carência que destrói.

Deus seja conosco, amém!

O MUNDO IMAGINÁRIO DOS CARENTES

Uma larga parcela do que chamamos amor nada mais é que a nossa necessidade compulsiva de nos preenchermos usando o outro, de sermos cuidados por alguém. É um resultado severo da ferida da fragilidade que nos afasta do amor-próprio, da capacidade de exercer nossa plenitude e força pessoal.

O amor verdadeiro, porém, nasce nas profundezas da alma. Todos temos um tesouro adormecido desde a criação. Temos, inatos, o DNA espiritual da alegria e felicidade, mas nos falta tomar posse dessa riqueza interior.

Quem só se sente preenchido pelo outro é, em verdade, alguém que não gosta de si, não se sente capaz, suficiente, e carrega crenças terríveis a respeito de si mesmo.

Uma pessoa assim tem, geralmente, muito medo da solidão, faz comparações o tempo todo, tem o vício de incomodar-se com o brilho alheio; é alguém que não se valoriza, não se apoia e nem confia em si. Por isso, necessita do arrimo motivador vindo do outro, seja de filho, cônjuge ou na vida amorosa.

Na atualidade, essa é a razão das decepções na maioria dos relacionamentos tóxicos. Cria-se na mente da pessoa um mundo imaginário a respeito de um relacionamento e é assim que, nesse mundo, nascem mágoas, ofensas, e até descrença com a vida.

Delegar para alguém o dever de nos fazer felizes é a maior das infelicidades. A ilusória atitude de entregar a alguém a tarefa de comandar a nossa própria vida sempre termina em lamentáveis tragédias na vida emocional e relacional.

Isso não é amor, é carência, é a falta de autossuporte, é sensação de baixa autoestima. Essa enfermidade da alma precisa de cuidados, orientação e socorro.

Carência é uma doença emocional da qual, em algum nível, ninguém nessa Terra escapa. Se você acha que não tem, talvez não tenha consciência dela ou apenas não quer admitir. A carência pode te iludir a tal ponto de fazer você entrar nas piores ciladas da vida, arruinando sua vida amorosa, financeira e social.

A boa notícia é que a carência é doença de quem quer amar[18], de quem não desistiu do afeto e nem de si mesmo, de quem quer tentar algo na vida para ser feliz.

O carente procura, sente falta e deseja o amor. Isso pode ser bom quando acompanhado de um bom nível de autoconhecimento sobre a vida emocional, suas máscaras e, sobretudo, da honestidade a respeito de suas atitudes. Pode ser bom toda vez que não sacrificar o amor-próprio.

A carência tem muitas fachadas. Na vida amorosa, costuma ser uma expressão da ausência de estima pessoal. Na vida profissional, pode ser a prepotência em querer provar algo a alguém, o que gera muita competição. Na vida social, se expressa na inveja sem limites que tenta rebaixar a todos para se sentir melhor.

Avalie-se, descubra sua carência e entenda que esse processo será muito bom para seu amadurecimento e melhora de sua vida.

Claudia experimentou o desejo profundo de ser cuidada, amada, respeitada; por conta dessa dor da alma,

---

18 O ato de sentir tem no amor legítimo a sua máxima expressão. Entendemos que a carência é uma emoção, que faz parte do amor, mas ainda debaixo de uma expressão do ego. O amor seria uma expressão da emoção santificada. (N.E.)

aceitou relacionamentos tóxicos: a rota da tristeza e da autodestruição.

Para sentir-se valorizada, entregou-se a amizades e relacionamentos mercantilistas, que doam migalhas, mas cobram, algemam, desprezam e maltratam.

Muitas depressões são doenças secundárias cuja doença primária é a carência, a dilacerante dor de não ter a si próprio, de não se amar.

Trate-se, busque ajuda. Carência é doença e destrói.

CAPÍTULO 6

PASSEI UMA VIDA ATORMENTADA COM MEDO DE MINHA FILHA SE SUICIDAR

Meu nome é Rute e escrevo com muita alegria para oferecer meu depoimento.

Não sou suicida, mas trabalho algum tempo no Hospital Esperança auxiliando mães reencarnadas durante o período de sono. Não sou mentora, nem tenho grande bagagem. Inclusive, me causou surpresa o fato de solicitarem minha contribuição.

Como fui uma mãe muito possessiva, tive que aprender a soltar as pessoas que amei, mas só depois de fatos muito duros.

Tive duas filhas. Uma delas, a Vanessa, foi uma escola para minha alma. Como deu trabalho. Em tempo: trabalho para uma mãe assoberbada por concepções enfermas. Eu era uma mãe enferma e não sabia, controladora ao extremo, dominadora. Não fazia por mal, era uma doença.

Vanessa perdeu uma colega quando tinha 15 anos. A amiga se jogou de um prédio, porque começou o uso intenso de drogas. Em uma alucinação, cometeu o suicídio que já havia anunciado a todos na escola.

Essa experiência me marcou e me abateu completamente. Já tinha um comportamento acentuadamente controlador com Vanessa e, após esse incidente, piorei a tal ponto de ter que ser medicada.

Naquela época, não tinha apenas medo de perder a Vanessa para atrações infelizes do mundo. A possibilidade dela seguir o caminho da amiga de escola passou a me atormentar.

Meu marido, mesmo tentando ser sempre gentil, dizia que eu estava doida. Ele tinha razão. Até minha loucura eu controlava.

O medo de perder Vanessa era assombroso. Ela sofreu bastante em minhas mãos. E eu me sobrecarreguei com um sofrimento totalmente desnecessário, uma tormenta voluntária.

Criei todo tipo de problema para que minha filha não se casasse. Ela, forte como sempre, se foi, me deu um neto e afastou-se cada vez mais de mim. Dentro de mim, Vanessa representava algo muito maior do que eu própria. Fazia tudo por ela, por medo de perdê-la. Não era amor, era posse. Não era virtude, era enfermidade. Não era entrega, era controle.

Somente aos 50 anos, com minha filha ainda jovem, comecei a descobrir que sempre fui uma depressiva, uma enferma mental. Mediquei-me. Conheci o Espiritismo.

O tempo passou. E eu não sei dizer exatamente quando foi que mudei meu clima. Vanessa já tinha 41 anos quando descobri que meu comportamento se chama disponibilidade tóxica. Eu já tinha quase 70 anos nesse tempo.

Minha outra filha penava um ciúme no silêncio da alma, meu marido se cansou e eu me desgastei.

Certo dia, ainda atormentada com a ideia de que ela poderia se matar, um senhor espírita me disse isso a respeito de meus medos que dominavam meus pensamentos:

> "A morte não alivia. O que alivia é aprender a viver. No caso de sua filha, parece que o melhor a ser feito é mesmo respeitar. Parece um péssimo conselho, mas costuma ter efeito mais positivo. Quando o potencial suicida percebe que seus amores o 'deixam' fazer uma escolha, costuma ter uma reação positiva, contrária ao autoextermínio. É o que nos resta como pais em muitas situações. Lembre-se sempre de que a vida não é sua, é dela. Sua colaboração tem limites. Todos

os pais têm limites na vida dos filhos. Tentar estar acima disso é prepotência e insanidade."

Já tinha escutado algo semelhante, mas nunca entrou em minha alma como naquele momento. Olhei para mim mesma e disse: quero mudar isso. Chega de tanta dor!

A partir daí, passei longos anos na vida material, cada dia tentando entender mais minha conduta, minha dor interior, a razão de tanto medo. Avancei muito, tornei-me mais leve. Aprendi a respeitar Vanessa e ela teve paz, assim como eu.

Hoje, sei os motivos para tanta loucura mental. Já trilhei também os caminhos do suicídio por duas reencarnações seguidas. Mesmo já tendo superado o impulso da autodestruição, ainda trazia no íntimo os efeitos dessas atitudes, tomadas há mais de 400 anos.

O suicídio é uma escolha das mais infelizes. Nunca leva a bons lugares. É muito longa a duração dos sofrimentos decorrentes desse ato. Um tempo perdido. Um atraso na caminhada evolutiva.

RECRUTAMENTO DE TRABALHADORES PARA SERVIÇOS NOTURNOS COM SUICIDAS

Dona Rute, como a chamamos por aqui, ajuda nos serviços de socorro a suicidas no Hospital Esperança.

Atualmente, além disso, ela compõe equipes que vão periodicamente aos locais de expurgo em zonas astrais nas camadas inferiores do Umbral.

Infelizmente, mesmo com o processo acelerado de depurar e extinguir os locais que se tornaram zonas de suicidas no mundo espiritual, ainda temos, até por questão de necessidade, as regiões de expurgo; e temos também as prisões mantidas por falanges da maldade.

Dona Rute faz a assepsia em suicidas ainda presos aos túmulos ou já deslocados para esses locais de dor e ajuste vibratório. São visitas diárias, feitas em escala de revezamento. O nível de fluidos e mutações sofridas pelos que passam por esses locais é um tanto assustador.

De um dia para o outro, os suicidas podem transformar completamente a fisionomia, tornando-se irreconhecíveis. Passam por inchaços, infecções, feridas, e outras ocorrências que exigem drenos e cirurgias de urgência com recursos limitados; porque alguns, até para nós, não são conhecidos e nem podem ser tirados do lugar onde se alojam. São locais que foram muito bem retratados em obras mediúnicas diversas e que nem necessitam de serem relembrados.

Com seu carinho, dona Rute faz o serviço de higienização, dá passes e canta.

Na verdade, hoje ela faz um serviço que começou ainda reencarnada. Quando ela diz em seu texto que não sabe em que momento ela se libertou daquela angústia do medo de perder sua filha, foi exatamente quando ela ingressou nos serviços noturnos fora do corpo, que lhe trouxeram serenidade, força e lucidez.

Dona Rute sabe disso com mais clareza e não citou nada em seu relato para deixar sua história mais realista, enquanto ainda na vida corporal.

Temos recrutado muitos servidores para esse trabalho. Alguns, inclusive, sendo médiuns experientes, atuam para evitar suicídios daqueles que estão propensos a essa infelicidade. Outros, colaboram em higienes psíquicas, doação de energia e outros serviços similares ao que faz dona Rute. São trazidos para fora do corpo, em desdobramento pelo sono, e prestam os benefícios diversos.

Crescem intensamente as fileiras de trabalho em favor da vida. Necessariamente não são religiosos e muito menos crentes na vida além da matéria. São pessoas de bom coração, com ou sem conhecimento espiritual, que amadureceram seu campo emocional de empatia e amor, por meio das próprias lições da vida.

Dona Rute, excepcionalmente, tinha lá suas histórias com suicídio, mas o que a trouxe aos serviços regenerativos foi sua postura de soltar o controle da vida e deixar fluir a existência.

Ela prestou seus serviços, ainda reencarnada, por persistentemente 20 anos. No desencarne, ingressou diretamente nas fileiras de serviços dentro do hospital e algum tempo depois começou com as visitações socorristas.

A filosofia excelsa de Deus é não deixar ninguém órfão. Essa é a inspiração de todos que trabalham por uma Terra melhorada e mais humana. É assim que funciona: quando você se afasta do seu eixo interno de força e segurança, do seu sol interior de valor pessoal, então os sentimentos são assombrados pelas programações mentais do tipo: "eu não consigo", "eu sou um lixo", "eu não sou bom o suficiente", "eu não mereço", "eu não tenho competência".

Ao contrário, quando você consegue conexão com sua força profunda, com sua centelha Divina, você se sente capaz, confiante, lúcido a respeito do que é bom para você e do que não te faz bem.

Fique atento a esse alerta, o que mais costuma tirar seu eixo de equilíbrio é quando você dá a uma pessoa um poder especial sobre sua vida, quando concede mais valor a ela do que a si próprio. É querer carregar os problemas que o outro tem que resolver. Chamam isso de amor, entretanto, o nome dessa postura desalinhada do equilíbrio emocional chama-se "disponibilidade tóxica".

Distância emocional em elos consanguíneos doentios é um sagrado remédio para a alma. Principalmente distância de pai e mãe desequilibrados. Eles não são pessoas perfeitas. O que se criou na sociedade a respeito do papel deles só os obrigou a carregar um peso insuportável. A cultura colocou na mente deles uma responsabilidade que vai além do que qualquer ser humano é capaz, deturpando seus papéis legítimos de educadores.

Receberam muita cobrança! Foram obrigados a ser e fazer, mais do que dão conta. A sentirem-se responsáveis pelo que os filhos se tornam ou pelo que escolhem para viver. Qual o resultado disso? Também se tornam cobradores implacáveis da vida, incluindo seus filhos.

Pais que amam a si próprios cumprem com responsabilidade os seus papéis, mas não ultrapassam seus limites. Desejam que seus filhos caminhem, progridam e não fiquem debaixo das suas asas, e nem ficam contabilizando os benefícios que fizeram na educação e na formação deles.

Pais que não amam suas individualidades tentam realizar nos filhos todas as suas frustrações. E esse é um caminho conhecido de desilusões e tropeços. Pais que não amam a si próprios educaram seus filhos com medo.

Distância de pai e mãe, especialmente de pais controladores, dominadores e cobradores, é extremamente sadio. Parece um atentado à lei do amor essa distância emocional, no entanto, seus pais não devem nada a você e nem você deve nada a seus pais. No amor não há dívidas, há gratidão.

É necessário limites, parceria, estímulo para que os filhos avancem e busquem seus caminhos sejam eles quais forem.

Esse será o aprendizado deles e não dos pais.

CAPÍTULO 7

EU NÃO TINHA CORAGEM DE ME MATAR, MAS NÃO QUERIA MAIS VIVER

Estive no corpo físico por 53 anos. Tenho lúcida noção de que fui um suicida. Já me encontro no plano astral há 23 anos.

Sou o tipo de suicida que não teve coragem de tirar a vida física, mas matei o desejo de viver. Mergulhei no alcoolismo aos 38 anos, após uma grave decepção financeira e amorosa.

Acusei a todos pelo ocorrido. Sócios, esposa, família, amigos e parentes. Quando, na verdade, fui eu mesmo o maior responsável pela ruína financeira ao querer ganhar tudo e arriscar, imprudentemente, a minha reputação e recursos materiais.

Envolvi-me afetivamente com uma mercenária que acabou sendo assassinada alguns meses depois de ter me levado todos os ganhos e propriedades.

Não me perdoei. Perdi o casamento, a confiança de todos e nem um lugar para morar não tinha. Vaguei pelas ruas de São Paulo como um miserável, depois que deixei minha cidade natal.

Adquiri aids e, já aos 48 anos, um câncer de fígado.

Por fim, acabei sendo reconduzido para minha família, que organizou um quartinho no fundo da casa onde moravam. Sentia-me um verme. Causei muita dor em todos.

Ali passei 5 anos aproximadamente, dizendo que tudo estava bem e sofrendo dores e tormentas alucinantes. Usava o álcool escondido para superar a dor, até que nem conseguia mais beber e nem comer.

Esquelético, mentalmente perturbado e com agravamento da aids, escolhi morrer. Não queria mais me tratar. Não queria a vida.

Em verdade, escolhi esse caminho aos 38 anos quando olhei para a extensão de minha falência como homem e empresário, e decidi que a vida não valia a pena.

Esse é um mecanismo de autodestruição inconsciente. Enquanto encarnado, eu não tinha essa noção que lhes passo hoje. Não tinha nem força de vontade para reagir. Era um derrotado por mim mesmo, em crise de vitimização e ódio da vida.

Hoje, sei que muitos morrem assim. Destroem a vida física a partir da destruição de sua vida interior, se entregam para não ter que se olhar, reconhecer as falhas, adaptar à realidade e seguir adiante.

Eu não tinha coragem de me matar, mas não queria mais viver!

Um suicídio. Uma doença mental. Um ato infeliz.

Estou em treinamento para regressar um dia. Ainda padeço momentos de muita tristeza. Começo a sentir o desejo de viver novamente a partir de experiências singelas que pratico no Hospital Esperança. Já deixei as medicações há uns oito anos. É um tratamento sacrificial. Ter que recuperar dentro de si o maior dom entregue por Deus, a alegria de cuidar da própria vida, é um grande obstáculo a transpor.

Sou um carente do instinto de sobrevivência. Deus seja por todos nós!

DESISTIR DA VIDA É UM ATO DE SUICÍDIO

Paz aos seus corações!

Em meus trabalhos socorristas, no Hospital Esperança, lido com suicidas há mais de meio século.

Acompanhei a evolução dos recursos para terapia dessa enfermidade, assim como acompanhei a evolução dos motivos que levam alguém a essa ação infeliz.

Os tempos mudaram, mas os suicidas de ontem e os de hoje são seres infelizes. No centro de suas dores está uma profunda insatisfação com a vida e consigo mesmos.

A maioria dos casos traz um componente reencarnatório enfermiço e de muitas vidas. Poucos estão fora dessa estatística. Já renasceram com essa dor. Muitos não queriam nem voltar ao corpo. Outros, entretanto, tiveram vidas repletas de bênçãos, experimentaram a alegria de viver, e se enrolaram completamente nas artimanhas do egoísmo. Sim, egoísmo. São tão monopolizadores, controladores e intransigentes que terminam fulminando os campos emocional e mental. Pensam demais em si próprios. São muito pobres do sentimento de empatia com o mundo.

Impossível resumir em algumas linhas as variedades de causas desse ato infeliz.

Os vales e zonas de remorso estão cada dia menores por aqui, graças às campanhas mundiais no astral que envolveram hospitais, postos de socorro e todas as organizações do bem.

Por aqui, hoje, tem que se ter um preparo muito ostensivo para lidar com essa dor.

O suicida atenta contra a vida e não somente contra o corpo físico. Nesse sentido, têm muitas pessoas desencarnando em suicídios especiais[19] todos os dias, que não são contabilizados pelas estatísticas do mundo físico.

A dificuldade de se adaptar à realidade da vida material é um traço marcante das gerações que reencarnaram após 1985. Estiveram no astral por longo tempo, séculos! Outros, porém, estiveram recentemente no corpo e não conseguiram o amor pela vida.

Essa campanha também teve outro componente fundamental que é não deixar ninguém órfão do amor divino; que permitiu alcançar os mais infelizes vales da morte com limpezas e asseios estruturais, refazendo o campo vibratório da energia da morte para a energia da cura. Tecnologia avançada de seres intergalácticos.

O suicida precisa, em boa parte dos casos, de cuidados paliativos, porque ele chega aqui completamente dependente, com fisionomia envelhecida três vezes a da sua idade física, e com funções fisiológicas sem

---

19 Podemos relacionar essa abordagem com informações dadas por André Luiz, em seu livro *Nosso lar*, psicografia de Chico Xavier, quando nos apresenta o suicídio inconsciente, caracterizado por aqueles que levam uma vida que reduz as energias vitais e, com essa conduta, perdem prematuramente o tempo de vida do corpo físico. Essas condutas envolvem o uso abusivo do álcool, fumo, drogas, alimentação, descontrole emocional, entre outros.

controle, tamanho o esfacelamento de sua estrutura mental e pelas deformações perispirituais.

De forma geral, a nossa recomendação para grupos religiosos e sociais é que se organizem para incentivar a vida, os cuidados psicológicos. Quem reencarna já precisa dessa assistência, considerando um planeta com tanta perturbação e violência.

Estão renascendo aqueles que pesavam na estrutura astral do planeta, vindos de diversas comunidades astrais que estão sendo reconstruídas e aprimoradas. Bilhões de espíritos estão regressando ao corpo com extrema dificuldade de adaptação com a civilização e com a moralização do planeta.

Jovens em idade, já demonstram uma profunda dor com a existência.

Casos de *Maladaptive Daydreaming*[20](MD), síndrome do devaneio desajustado ou excessivo, aumentam assustadoramente pressionando educadores e médicos a desafios nunca imagináveis. Tribos inteiras de desajustados do astral estão renascendo, porque a própria ecologia astral já não lhes permite mais tanta liberdade. Não há para onde ir.

---

20 *Maladaptive Daydreaming* – Condição na qual a pessoa fantasia excessivamente e acaba deixando de lado tarefas básicas do dia a dia e suas próprias necessidades sociais.

Aqueles suicidas que ficavam juntando seus pedaços, assim como os que se decompunham junto com o corpo físico, já não são tão frequentes quanto no passado, porque já há estrutura e tecnologia no plano espiritual para uma solução mais efetiva. No entanto, nenhum deles se livra da dor de sua vida mental agredida, de suas emoções adoecidas, em níveis mais graves do que antes de se matarem. Isso lhes causa um padecimento doloroso para comentarmos os detalhes.

Recebam meu abraço e votos de muita paz aos seus corações!

CAPÍTULO 8

SHAMBHALA[21], UMA ILUSÃO PARA QUEM SE EXTERMINA

Alô, minha gente!

Eu tirei minha vida muito jovem. Havia um desespero interior na minha alma. Era como um zumbido que não cessava. Em verdade, acho que já sentia isso desde a infância. Não sei precisar. Na juventude fiquei pior. Era essa a minha dor.

Infelizmente sou um reincidente. Já fiz isso outras vezes. Tirei a minha vida física. Hoje, pouco me importa. Estou vivo. Adoro sorrir e brincar e, mesmo ainda sofrendo a dor dos motivos que me levaram a estrangular o pescoço, eu sou filho de Deus; assim me considero. Queria pensar assim enquanto estava na matéria, mas não me foi possível...

Trago sobre meus ombros a total responsabilidade de meu ato. Tenho uma mãe incomparável, amorosa e guerreira que, com toda sinceridade, não merecia

---

21 *Shambhala* é um reino ou local mítico, oculto em algum lugar da Cordilheira do Himalaia ou na Ásia central, próximo da Sibéria. É citado com frequência em textos sagrados e está presente em diversas tradições do Oriente.

o que passou e passa de tão boa que é. Eu lamento minha partida mais por ela do que por mim.

Por mim, aos poucos, eu vou colocando a cabeça no lugar. Nem gosto de falar das motivações que me levaram a acabar com a vida física.

Bem, não é sobre a dor que quero falar, vamos mudar de assunto.

Preciso dizer algo sobre a bondade daqueles que me acolheram do lado de cá. Quanta gente boa. Quantas pessoas preparadas. Uns anjos! Fico pensando que eles deveriam estar todos no corpo físico pra fazerem o bem que fazem do lado de cá. Quanta gente não se mataria se estivessem no corpo. É apenas uma forma de pensar. Coisa minha, que elaboro nos pensamentos. Sei que estão onde tem que estar. Que seria de pessoas como eu se eles não existissem?

Sou um devedor de todos eles. Deram-me amor, acolhimento, medicação, e me mostraram coisas que eu jamais poderia imaginar sobre minha história de várias vidas. Como gostaria de contar mais sobre isso. Agora não posso.

Eu passei aqui apenas para confirmar que os suicidas não ficam órfãos. No entanto, é aí que a coisa pega. Ser amparado não quer dizer que não colheremos o efeito doloroso de nossa escolha. Acabamos com o corpo e não eliminamos a dor da alma.

Estou com mais coragem de olhar para o meu desespero interior, aquele sofrimento na alma, porque a paciência e a bondade de meus amores "de cá", além do mundo físico, é um verdadeiro arrimo para minha fragilidade.

Sou grato a todos que me consideram. Isso me faz bem. Acredito um pouco mais que a vida física vale a pena e que podemos, sim, ter prazer e alegria em passar por uma existência, mesmo com o vazio na alma.

Um dia, creio, retornarei e vou vencer!

Para você que, assim como eu, pensa em desistir, busque ajuda. Se não der certo, busque mais ajuda ainda, outro tipo de ajuda. Busque tudo ao seu alcance e um pouco mais. Só não escolha a morte. Isso não! Eu não tenho nenhuma autoridade para te dizer isso, e falo de "cara lavada mesmo", não desista. Esse caminho infeliz não resolve, não tira sua angústia, não resolve seu passado.

Acredite em mim. Temos muito amparo aqui, isso é verdade. Mas não existe uma *Shambhala*, uma cidade perfeita ou um lugar sagrado onde tudo vai ser melhor do lado de cá. Bom, me deixe falar de outra forma. Até existem *Shambhalas* por aqui, mas não é um lugar para quem se suicida. O que espera um suicida não é assim nada bom.

Essa ideia genial de um paraíso para quem se mata, pregada entre muitas pessoas, é uma ilusão. É uma fuga. Quem se mata achando que vai para um lugar melhor, um paraíso, está muito mal-informado.

Perdoe quebrar com sua ilusão. Melhor para você, vai por mim. Ideias como essas são difundidas por seres das trevas que querem o mal da humanidade. Querem levar você a uma escravidão mental sórdida e cruel. Isso mesmo. Pode ficar assustado! Melhor para você.

Era esse meu recado.

Para minha mãe e amiga, e para todos que me amam no mundo da matéria, recebam um abração cheio de sorrisos.

LUCAS

VOCÊ PODE ENCONTRAR UMA SHAMBHALA NO MUNDO FÍSICO

"Que pensar daquele que se mata, na esperança de chegar mais depressa a uma vida melhor?"

Outra loucura! Que faça o bem e mais certo estará lá, pois, matando-se, retarda sua entrada num mundo melhor e terá que pedir que lhe seja permitido voltar, para concluir a vida a que pôs termo sob o influxo de uma ideia falsa. Uma falta, seja qual for, jamais abre a ninguém o santuário dos eleitos.[22]"

A realidade é o encontro com a Verdade.

Na vida material, o espírito sofre quando alcança sua realidade pessoal, definida pelas imperfeições interiores que o trouxeram de volta à vida física para serem superadas.

A realidade dói. Não pelo que acontece por fora. Dói pela forma como o espírito reage por dentro na sua forma de olhar a vida, a si e aos outros.

A realidade é definida pela percepção individual de cada ser. E essa percepção é a soma de imperfeições e conquistas na caminhada evolutiva, que define o conjunto de defeitos a vencer e as qualidades já acumuladas.

As religiões têm uma parcela de contribuição para que os adeptos desejem mais o céu e o paraíso do que a Terra onde renascem.

---

22 *O livro dos espíritos,* questão 950.

Como um roteiro de libertação espiritual, o Espiritismo destaca, na questão acima, o valor da vida terrena. Explica que, ao retirar a própria vida física, sob o peso de uma ideia falsa, o espírito atrasa sua entrada em um mundo melhor.

A ilusão de largar essa vida pela escolha da morte antecipada, não soluciona as angústias da alma.

De alguma forma, até mesmo entre adeptos do espiritualismo, o incentivo ao amor à pátria espiritual como objetivo central da vida, deslocou a atenção e o interesse de muitos do valor e da importância da vida física.

Há uma divinização sobre o lado de cá por parte de muitos que se encontram no corpo físico. Como se o fato de largar a matéria, de imediato, autorizasse a todos a serem conduzidos para um mundo espiritual muito angélico e elevado moralmente, uma *Shambhala*! Um mundo distante da realidade interna da maioria.

De fato, lugares mais nobres existem, embora maioria expressiva fique, na vida espiritual, num lugar que tenha mais a ver com aquilo que somos. Um plano espiritual mais humano do que se possa imaginar.

Existe muita ilusão, até mesmo entre estudiosos da vida espiritual, sobre o que realmente ocorre por aqui.

São vários níveis vibratórios e planos que interagem ou não, conforme a localização vibracional no espaço.

É bem desconfortável pensar que aquele câncer que matou alguém pode continuar doendo, que aquela depressão continua, que tomar remédios no mundo espiritual é necessário, que o ciúme ou motivo que te levou a exterminar o corpo ainda pode te fazer sofrer durante muito tempo.

É bem desconfortável pensar que aqui onde estou também se dorme, se come, se toma banho e se trabalha. Um mundo com sistemas de justiça e avanço social em alguns lugares, mas que, em outros locais, existe um sistema completamente explorador e desumano.

Assusta, não é mesmo? Assusta para quem não vive conforme a alma. Para quem não admite outra realidade após a morte do corpo.

A *Shambhala* é por dentro do ser, e não por fora. Quem procura um lugar de fora para resolver as questões da alma, tomando como decisão exterminar a sua própria vida, comete um ato insano e cruel contra si mesmo.

A *Shambhala* de fora pode até ser procurada no mundo físico como uma alternativa para dores e angústias não resolvidas. Melhor assim porque, quem sabe, nessa busca alternativa, você se encontre e faça uma vida melhor. Isso pode acontecer, com certeza!

CAPÍTULO 9

DEPRESSÃO: EU NÃO QUERIA MORRER, SÓ NÃO AGUENTAVA MINHA VIDA

Eu tinha medo de morrer, mas estava com muito mais medo de viver. Eu não queria morrer, só não aguentava a vida.

Quando subi no prédio de oito andares, fui tomada de profunda angústia. Preferi subir de escadas para, sei lá, tentar uma saída.

Estava cansada de tentar saídas. Nenhuma delas me trouxe sossego por dentro. O mundo era só uma imensa ingratidão.

A palavra ingratidão é como uma lâmina fincada em meu peito. Sempre senti isso. Foi por essa estrada que percorri o caminho do suicídio.

Quando estava no topo, pronta para me jogar, olhei pela última vez para o céu. Quem sabe Deus tivesse pena de mim, ou quem sabe um milagre acontecesse. Nada!

Fiquei foi com mais raiva ainda de me permitir pensar em Deus. Muita raiva. Foi com essa raiva que me preparei para o pulo final.

Olhei para baixo e o coração disparou de tal forma que senti uma profunda dor que irradiou ao braço esquerdo. Foi a última coisa que me assustou. Era tanta a dor que perdi o controle e caí.

Em verdade, tive um infarto na hora de me matar. Caí do prédio, infartada.

Que droga! Até para morrer Deus não me deixou escolher.

Não morri do jeito que queria. Ou pior, não morri.

Quando acordei, a dor no peito tinha passado, mas sentia todo o meu corpo doendo. Médicos atenciosos injetavam um óleo malcheiroso em várias partes dos meus músculos.

Não entendia nada. Sentia-me tonta, sem noção de lugar, atordoada. Parecia que tentavam me salvar de algo que nem eu sabia o que era. Foi tudo muito doloroso.

Com o tempo descobri que minha vida, minha lâmina de ingratidão no peito, nada mais era que uma profunda depressão.

Falaram-me muito sobre isso enquanto estava na matéria. Nunca aceitei.

Hoje sei que as pessoas deprimidas, em sua maioria, não aceitam a doença. Foi meu caso.

Aliás, hoje sei que os deprimidos não aceitam nada. O vazio que sentia, a angústia que me comia, a tristeza que me dominava, o sentimento de desmerecimento e desvalor pessoal, eram depressão da brava.

Disseram-me aqui que eu poderia fazer um pedido. Sinceramente, não sei se adianta alguma coisa um pedido meu. Eu peço que se você está como eu, busque apoio, busque ajuda. Eu não fiz nada disso enquanto estive no corpo. Segundo os orientadores e os médicos, eu poderia ter outro destino se me tratasse.

Bom, não sei se ajudei em alguma coisa. Tenho uma sensação boa de estar aqui falando. Espantada de ver que alguém na matéria consegue me ouvir e ter carinho comigo. Não sei como isso funciona, não acredito em mediunidade.

Começo a sentir uma gratidão por isso. Obrigado.

LENA ANDRAUS[23]

---

23 Essa moça desencarnou com 20 anos. Seu pai, desencarnado por infarto, a amparou nos momentos finais, mas ela ainda não teve contato com ele. É

HONESTIDADE EMOCIONAL, A CURA DA DEPRESSÃO

Ninguém conseguirá uma transformação de comportamento e uma melhora espiritual sem autoconhecimento. Necessário identificar, de forma clara, como funciona seu mundo interior. Ele é a chave para acessar suas imperfeições e realizar a tão desejada mudança.

O autoconhecimento mapeia o campo interno, os pensamentos, as emoções, os hábitos e os reflexos condicionados, mas tomar contato com essa realidade causa dor, sofrimento e muita angústia.

A partir desse mapeamento, muitas pessoas estão se tornando censores cruéis de si mesmos e, ao invés de melhorarem tornam suas vidas uma constante autocobrança, com culpas intermináveis e muita tristeza por não conseguirem ser quem gostariam de ser.

O autoconhecimento permite identificar algo que necessita mudar; a honestidade emocional é o movimento de aceitação íntima desse processo. São etapas distintas e que interagem para realizar qualquer processo de renovação humana.

---

muito recente o desencarne dela. Tive um preparo especial essa noite para receber a mensagem dela. Ela ainda está com muitas dores. (N.M.)

Sem essa lealdade emocional, você pode admitir só intelectualmente algo a seu respeito. Isso é o primeiro passo para o autoconhecimento e, para evitar o sofrimento da realidade a seu respeito, instintivamente, vai se blindar completamente por meio de mecanismos de defesa, para não ter que sentir a dor de aceitar aquilo.

Vamos a um exemplo.

Alguém te chama a atenção sobre sua preguiça em levar o lixo três vezes por semana até à lixeira na rua. Você reconhece sua preguiça, mas não aceita o corretivo, alegando que trabalhou muito naquele dia e está cansado.

Enche-se de blindagens de defesa e impede o fluxo da auto-honestidade que revela algo do tipo: "você não gosta de ter que sair do seu conforto, usar o elevador, sentir o cheiro do lixo no saco, abrir a porta da lixeira e ainda acomodar aquele saco para ser levado pelos lixeiros". Honestamente, você detesta fazer isso. Honestamente, você tem sim preguiça de fazer isso.

Lena Andraus recusou aceitar ser uma jovem revoltada com a vida. Não escutou os gritos da honestidade da alma chamando-a para a humildade. Carregou o peso do conflito interno pelo desgosto com a existência, que age como um fermento, que só vai aumentando o campo energético da mágoa, da teimosia e da resistência aos chamados da vida. A mente explode um dia e ninguém consegue suportar tamanha desordem mental.

Quando você identifica sua sombra é muito infrutífero lutar contra ela. Lena sabia disso, mas preferiu a insanidade da decisão com base na não aceitação de si própria. Evitou uma conexão sadia com ela. Tudo ficou mais complicado.

A honestidade emocional é você assumir: "detesto levar lixo, detesto fazer isso". Só de aceitar isso, as coisas já mudam, e pode ser que não tenha que fazer mais nada. Admitir não significa que você tenha que parar de levar o lixo ou assumir sua parte sombria de vez. Admitir com honestidade emocional é fazer contato com essa sua parte com objetivo de jogar a luz da compreensão sobre ela.

Pode ser que a partir dessa aceitação, dependendo do caso, você resolva o assunto dentro de você através de um diálogo claro e transparente. Se isso não acontecer, pelo menos vai te auxiliar a quebrar suas resistências e fazer a mudança necessária.

O passo mais importante de uma reforma íntima está exatamente em você identificar, e também acolher, sua imperfeição sem conflito, sem defesas, sem acomodação e, com muita clareza para você mesmo, a respeito das suas próprias emoções.

É um passo decisivo e essencial para qualquer avanço na nossa melhora moral e espiritual.

Honestidade emocional é a criação de uma relação de respeito, carinho e amor com você mesmo. É a verdadeira cura para qualquer ato de revolta, depressão e de inaceitação com a vida.

CAPÍTULO 10

EU NÃO CULPO MEUS PAIS

Meu nome é Taís. Morri por asfixia de envenena-mento. Foi o modo infeliz que escolhi para acabar com tudo. Tinha 18 anos e me arrependi amargamente do que fiz.

Fui e sou uma menina grossa, muito mal-humorada. Meus pais me contavam sempre como eu tinha, desde pequena, crises terríveis. Adorava quebrar alguma coisa. Dá até vontade de rir, sabe? Rir de raiva!

Realmente, se não fosse os mentores que estão me ensinando muito, eu me matava de novo do lado de cá. Minha maior decepção foi descobrir que não adiantou nada ingerir aquela coisa que ainda sinto queimando na minha garganta.

São passados uns 10 anos de toda essa tragédia. E quanta dor a mais eu ainda causei para todo mundo. O pior de tudo é saber e ver meus pais infelizes e se sentindo culpados pela minha morte. Que dó que sinto disso! Que porcaria que eu sou!

Ah! Se hoje eu pudesse dizer algo a eles, seria uma longa carta e com certeza o tema seria "o quanto egoísta eu sou". Sim, eu diria a eles o quanto de egoísmo tem uma pessoa como eu, que abandonou tudo.

Sem exageros, vou escrever um bilhete, porque os mentores me pediram para observar e controlar um pouco o meu ódio. Eu diria que sou um poço de egoísmo. Não pensei nos outros. Eu já renasci egoísta. Falo renasci, mas com sinceridade nem sei se acredito mesmo em reencarnação. Eu não saberia explicar bem isso. Mesmo já estudando, não sei.

Os mentores me disseram algumas coisas sobre minhas vidas anteriores. Eu não sei se acredito nisso. Não muda muita coisa em meu pensamento O que posso dizer é que não devo ter sido mesmo nada que presta para ser do jeito que sou. Sinto-me como uma aberração e nem sei para que fui criada. Por Deus é que não foi! Se Deus existe, não acredito que criaria algo como eu.

Um bicho que simboliza a Taís: uma víbora, não, pior, pensa em algo bem peçonhento. Bem, deixa eu parar por aqui senão, daqui a pouco, nem poderei continuar a escrever. Já estou exagerando.

Deu para ver, né? Me odeio!

Hoje estou melhor das dores. Hoje estou melhor de tudo, comparado ao que aconteceu no início, porém, a dor do vazio, aquela que me consumia, aquela que me fez escolher o pior, infelizmente, ainda me acompanha. Não consigo sentir quem é essa tal Taís. Nem sei se existo. Eu queria não existir!

A recomendação inicial é que eu perdoasse aos meus pais e depois de centenas de palestras, estudos e terapias, eu cheguei à conclusão que nada tenho para perdoar. Eu quero é pedir aos meus pais que entendam que o problema era e é, somente, eu mesma. Com minhas lutas, com minhas culpas, com minha frustração. Uma extrema egoísta.

Se existe Deus, Ele não deveria ter me levado para nascer com meus pais.

Eu não tenho nada para oferecer a meus pais, eu não tenho amor para dar. Só estou fazendo um pedido. Sigam suas vidas.

Eu gostaria de sentir gratidão, mas nem para isso eu sirvo. Eu estou muito doente. É a única coisa que aceito sobre mim mesma. Nem sei se deveria estar aqui escrevendo. Que moral eu tenho? Estou aqui porque os mentores falaram que seria bom.

Eu tenho minhas dúvidas. Vai lá. Falei o que sentia.

Se for útil, que bom! Eu gostaria que meus pais pudessem ler isso. Quem sabe ajuda! A única coisa que tenho é o arrependimento.

TAÍS

ACOLHIMENTO AOS FAMILIARES DE SUICIDAS

O suicida é um espírito em sofrimento. Não é justo que os pais e a família carreguem o peso dessa decisão que pertence a quem abre mão da vida material.

Todos os que chegam aqui ao plano espiritual por meio dessa tragédia reconhecem, com o passar do tempo, a responsabilidade de seu ato infeliz. Não culpam a ninguém a não ser a si próprios, por mais duras que foram as provas nas quais se matricularam na vida física.

Aqui, são todos orientados para identificarem os motivos realmente profundos que carregam, para passarem pelas dores que sentem. Isso lhes causa uma dor muito profunda, maior até da que sentiam quando na vida física.

Ainda que culpem os familiares, a escolha é individual e à medida que compreendem a má escolha que fizeram, vão também limpando a visão mental sobre tudo aquilo que, na ilusão de seus pensamentos, era a causa de sua infelicidade.

É fato que os lares e as famílias estão adoecidos, precisando de Deus e de espiritualidade. Os pais e a família não podem responder pelos atos e sentimentos individuais. Chamar de amor o comportamento de se sentirem responsáveis pelos sentimentos e escolhas uns dos outros, já é uma enfermidade.

Esse é um processo cultural carregado de culpas; é o alicerce da construção de grupos cuja individualidade tem suas chances limitadas de expandir. Isso é uma dura expiação.

A incapacidade de autor responsabilidade é tão massacrante nesse planeta, que as pessoas alimentam a ideia de gerir a vida uns dos outros, como se tivessem capacidade e autoridade para tal. Isso alimenta uma dor muito profunda de solidão. Sentir-se solitário estando em grupo é o desespero da dor.

Sim, por incrível que pareça, os grupos familiares tentam diminuir a dor da solidão comandando a vida e tentando controlar os sucessos e insucessos uns dos outros. O efeito é ao contrário. Impede a expressão da individualidade, do poder pessoal. Estimula a acomodação e a fuga.

Uma malha emocional de fracasso e peso se forma, porque o desejo legítimo do encontro consigo mesmo existe como expressão divina do instinto de progresso; no entanto, é sufocado pela dominação emocional, pela formação de um grupo disfuncional que não cumpre coerentemente seus papéis.

A dor de um é a dor de todos. O sucesso de um é dividido para todos.

Esse processo, depois de certo ponto, é injusto e deseducativo na evolução individual, porque trava, a todos, na expressão de suas particularidades, de seus talentos e sombras, causando dores e resultados muito infelizes.

Isso não é carma. Não é castigo e nem é má sorte. É enfermidade emocional e necessita de tratamento.

Que os familiares busquem ajuda para entenderem suas dores, para perceberem melhor a importância de digerir a perda de quem partiu pela má escolha do suicídio, e avançar.Deixar ir a página das experiências e seguir.

Ficarem se culpando é piorar o quadro para todos.

Precisarão de ajuda para perdoarem-se pelo que não conseguiram responder, entender os objetivos de seguir a vida e organizar espaço no coração para amar verdadeiramente o ser que partiu pela morte escolhida, destinando a ele as melhores e mais sadias vibrações de respeito e consciência.

Todos nós precisamos de amor e cura. A Terra é um hospital sagrado de tratamento para esse tipo de dor e enfermidade.

Abracemos a causa de cuidar de nossos núcleos familiares que perderam entes queridos para o suicídio.

Um membro que parte dessa forma no grupo é um convite, para que, aqueles que ficam, olhem a vida de outra forma. Há muito o que enxergar diante da dor de uma partida tão sofrida.

CAPÍTULO 11

O AMPARO DE AMOR DE DONA ROSA CAVEIRA E DAS POMBAGIRAS NAZARENAS

Eram muitas coisas que eu não sabia explicar. Primeiro o tiro que me jogou a uns 10 metros de distância de onde eu estava. O arremesso é assustador, uma distância considerável. A cabeça ardia e ficou com um zumbido que não me permitia escutar mais nada. Eu via tudo com nitidez. Levantei-me e fui até onde estava meu corpo.

Aterrorizante olhar para a cena. Ver seu próprio corpo estraçalhado. De repente, diante do tremor que me tomou conta, comecei a ser tragado, não há outro termo. Era uma força que me puxava para baixo e vi-me claramente entrando na terra, descendo, descendo. Cada vez menos luz e mais barulho na cabeça. Comecei a ouvir gargalhadas estridentes, sons que nunca escutei, parecidos com um ronco, muito alto e pavoroso.

E, em certo ponto, tudo parou. O deslocamento, o zumbido, todos os sons. Estava em um lugar frio e totalmente sem luz. Fiz várias perguntas em voz alta sem nenhuma resposta. Queria que alguém falasse algo comigo. Nada mais temeroso que a solidão da escuridão. Em intervalo de tempos diferentes, voltavam os zumbidos, a dor, e eu perdia os sentidos. Quando acordava estava tudo em silêncio novamente. E o ciclo começava outra vez.

Não sabia quanto tempo havia se passado. Perdi totalmente a noção, tinha fome, tinha sede, senti-me com as roupas molhadas e tinha muita vontade de urinar sem parar. Não saía nada. Eu tentava urinar, chamar alguém, e nada. Completa escuridão e frio. Por vezes, passava a mão no rosto e nos braços e me assombrava sentir o que sentia. Minha pele inteira se alterou. Parecia o contato com uma superfície de cimento muito porosa. Pele dura que mais parecia um casco. E por essa razão, cada vez mais era difícil fazer qualquer movimento. Parecia que estava dentro de um molde de cimento. Eu queria que tudo fosse um pesadelo. Não era. Era a realidade. Dura realidade!

Triste! Gastaria páginas para descrever o que senti, no entanto, nenhuma dor no suicídio é maior do que o medo que se sente nesse lugar. Muito medo, tão atormentador a ponto de eu perder a consciência por várias vezes. E quando voltava a mim, eu estava mais duro, mais imobilizado.

Matei-me por medo de viver e o medo continuou tornando-se minha tragédia depois do autoextermínio.

Eu não sei quando, mas um dia, do nada, ouvi alguém perguntar: "O que você quer para sair desse lugar?" Eu não via quem fez a pergunta e mais medo ainda isso me deu. Era a primeira vez que ouvia algo diferente. Eu respondia: "Quero sair daqui" e a pessoa dizia que isso iria acontecer na hora certa.

Mais tarde, vim a saber que aquela pessoa voltava diariamente para me visitar e limpar. Eu não conseguia perceber o que ele fazia. Era uma limpeza na ferida da cabeça, nas fezes que eu expelia e nos diversos fluidos que saíam de mim. Eu me tornei uma criatura imunda. Eles me limpavam enquanto eu dormia. Eu nada via. Cuidavam de mim como uma pessoa completamente dependente.

O nome desse ser de luz é Rosa Caveira, uma chefe de falange das Pombagiras Nazarenas[24] que trabalham para nos tirar desses pântanos de sombra. Passei oito meses terrenos, segundo me informaram depois, nesse lugar. Era um lugar abaixo do Umbral (uma região de

---

24 Embora muitos atribuam ideias negativas às verdadeiras pombagiras, elas são servidoras do bem e da luz. Mais informações no livro *Guardiãs do amor – a missão das pombagiras na Terra*, autoria espiritual de Pai João de Angola, psicografia de Wanderley Oliveira, publicado pela Editora Dufaux. (N.E.)

muita dor no plano astral), que não oferecia a menor chance de sair dali por conta do meu estado mental.

Depois de muito amor e persistência, dona Rosa conseguiu me levar para as câmaras quentinhas do Hospital Esperança, onde trabalham doutor Bezerra e Eurípedes Barsanulfo. Câmaras retificadoras de perispírito. Ali fiquei um ano e meio internado, passando por diversos tipos de cirurgia e recomposição celular para recuperar a parte da cabeça atingida e a pele que havia sofrido um processo, conhecido por aqui, chamado mumificação espontânea.

Uma moça muito carinhosa fazia visitas diárias a toda a ala dos suicidas em recuperação. Posteriormente, quando estávamos em melhores condições de locomoção, tínhamos aulas profundas de cura com ela. Seu nome é Ermance Dufaux.

Estou muito arrependido. Quero reparar meu erro. Já estou colaborando com os serviços do bem. Afinal, já se passaram 23 anos do lamentável episódio. Estou cada dia melhor, embora não possa deixar de mencionar que o que me levou à decisão infeliz, ainda permanece: não venci meu medo.

É por essa razão que suicídio não resolve nada. A dor pela qual me matei continua me matando por dentro.

Estou em profundos tratamentos terapêuticos para aprender a lidar com as artimanhas de meu medo.

É sobre isso que hoje estou me esclarecendo. Sobre como vencer o meu próprio temor. Não há chances de alguém viver dignamente com tanto medo como eu sinto, no entanto, volto a dizer, a maior dor depois do suicídio é constatar que ele não resolve nada daquilo que gostaríamos que resolvesse no mundo interno. Pelo contrário, só aumenta nossos problemas.

Que Deus tenha piedade de mim e de todos que se iludiram com essa morte provocada!

TIAGO SÉRVULO

DESCRENÇA, NOITE DA ALMA

O sentimento de medo é o que tem mais baixa frequência e afeta intensamente a imunidade orgânica.

Manifesta-se principalmente usando duas camuflagens: ansiedade e tristeza com a vida.

Ansiedade é o medo no seu nível mais acentuado e tristeza com a vida é o medo de ter que viver a realidade da vida que resistimos viver.

A ansiedade destrói seu sistema de imunidade e abre campo para o desânimo. A tristeza aloja-se nos pulmões e leva para o mesmo quadro, o desânimo.

O estado de desânimo é a porta para a angústia. Quando o desânimo invade a mente, a angústia funciona como uma válvula de escape da vida emocional.

O efeito de tudo isso na estrutura psíquica e emocional é a descrença. Descrença é o indicador mais legítimo de que você não aceitou algo em sua vida.

Esse é o ciclo da morte psíquica: medo > tristeza > ansiedade > desânimo > angústia > descrença.

O medo inicia todo o processo e se transforma nesse estado de descrença com a existência, uma morte interior.

Na ótica da medicina vibracional é o estado interior de perda de contato com a fé. Não a fé religiosa, necessariamente. Mas a fé em si mesmo, na sua partícula divina, na vida, em suas realizações que trazem a alegria de ser quem você é. Essa postura destrói a chama da vida, apaga o desejo de avançar e progredir. É um estado de dor profunda comparada a uma verdadeira noite da alma.

Fé é emoção. É contato feliz com quem se é, é a felicidade de ser quem é e fazer o que faz. A fé não é somente uma conduta de religiosos. É a energia que sustenta a vida, o viver, o ser. É instinto de sobrevivência elevado ao seu mais alto nível.

Tiago penetrou nos portais escuros da descrença e da morte psíquica. Não gostava de si mesmo. Não conseguia existir sendo quem sentia que era.

Casos como esse se repetem aos bilhões no planeta. Almas que já renascem no corpo físico com a enfermidade da descrença, no intuito de tentarem superar suas próprias sombras internas.

Pessoas infelizes consigo mesmas ou em suas vidas perdem facilmente o contato com essa fé, a emoção da vida. Entram nesse estado de letargia emocional com facilidade.

O medo nos afasta dessa fé, porque o que mais tememos é ter que abrir mão da vida falsa que muitos de nós vivemos. Dura realidade! Medo de nos desligarmos das ilusões que criamos: uma vida falsa que acoberta nossas miragens com a vida àquela vida imaginária, do jeito que achamos que deve ser para nós e para quem amamos.

Quanto mais autênticos somos, menos medo no caminho, mais evidência de que nos aceitamos como somos e acolhemos nossas sombras interiores. Quanto mais autenticidade, mais compreendemos que não temos controle sobre a realidade.

O medo nos leva a controlar a vida das pessoas que são importantes para nós, seja por medo de perdê-las ou por interesse pessoal. Em ambos, perdemos nossa autenticidade e isso é rota para a descrença, gerando a ansiedade de não alcançar o que se deseja, e a tristeza em não aceitar a vida de fato ocorre.

Deixo aqui uma lista de temas para os que estão nas experiências do corpo físico, e que necessitam de urgente reajuste para a realidade para não tombarem na descrença:

- invasividade na vida dos entes queridos;
- disciplina para ter uma vida mental mais sossegada;
- terapia para tratar de temas emocionais ocultos que impedem a autenticidade;
- coragem de fazer as mudanças que a vida exige e às quais resistimos;
- afastamento de problemas familiares que não nos compete resolver;
- planejamento da jornada pela sobrevivência para que ela não ocupe totalmente os espaços mentais;
- iniciativas de conduta e cuidados emocionais.

Quando ignoradas, essas orientações geram muito estresse, carga emocional desequilibrada e o corpo vai para a doença junto com a mente, rumo aos despenhadeiros tenebrosos da descrença.

CAPÍTULO 12

A CURA ESPIRITUAL FEITA POR EXU CAVEIRA — COMO ME SALVEI DO SUICÍDIO

Que Deus tenha piedade de todos nós, nesse lugar de homens falíveis!

Morri aos 43 anos. Uma doença terrível me abateu. Vou contar um pouco para vocês.

Segundo meus pais, eu já nasci dando muito trabalho. Inquieto, chorão e estranho. Hoje, já tem nome para esse meu comportamento, na verdade, uma doença, que só vim a saber o que era aqui no além: terror noturno.

Quando jovem, eu via vultos, era triste, deslocado de tudo e nada me agradava na vida. Sentia-me sem qualquer motivo para continuar a viver. Nunca tinha ouvido falar em suicídio até os 14 anos. Eram os anos 70, mais precisamente 1975.

Aquela palavra me encantou. Suicídio! Quem me ensinou foi um colega de escola, que se jogou no penhasco aos 16 anos. Ensinou-me com seu ato infeliz.

Nunca mais parei de pensar nisso até acontecer um fato. Comecei mesmo a achar que estava louco. Meus pais, sempre preocupados, tentavam o que tinham ao alcance na época. Hoje, acompanhando notícias do lado de cá e pensando no que acontecia quase 50 anos atrás, quanta diferença, meu Deus! Já tinha 23 anos e estava no auge de minha dor que hoje sei chamar-se depressão.

A universidade era frequentada de forma arrastada até me formar com muita dificuldade, o sono alterado, a mente poluída por ideias estranhas a qualquer mortal.

Então, meus pais apelaram para a religião. Fomos a uma casa de umbanda onde um tal de Pai Benedito atendia pessoas. Meu pai foi primeiro para ver como era. Adorou e a entidade espiritual pediu para me levar. Eu tremia de medo daquelas coisas, mas fui. Sem um pingo de confiança.

Fiquei procurando naquele ritual quem seria o Pai Benedito, até que chegou um homem de seus 40 anos perto de mim e com uma voz rouca e assustadora me disse:

> "*Vosmecê* não veio ao mundo pra morrer. *Vosmecê* veio ao mundo pra viver. Se olhar profundamente nos meus olhos eu vou retirar 50% do

peso de sua vida pra você caminhar, e os outros 50% *vosmecê* vai resolver com as leis da vida."

Eu não disse nada. Olhei com medo nos olhos dele. Fiquei mudo, estático, e, de repente, meu corpo inteiro começou a esquentar como se uma febre alta me consumisse. Comecei a chorar, algo que nem sabia quando foi a última vez que fiz. Comecei a suar, pois ardia. E aquele homem, com a entidade, colocou a mão esquerda sobre minha cabeça e disse:

"Daqui até o fim de sua vida, eu quem tomo conta do seu carma. Meu nome é Exu Caveira. Chame sempre por mim."

Gastei anos com esclarecimentos para entender o que tinha acontecido ali. O certo é que no dia seguinte era outra pessoa. Vez por outra a tristeza e uma dor interna apareciam com menor intensidade, e nunca mais pensei ou desejei me matar. Acabei minha faculdade, trabalhei por anos, cheguei a casar e ter um filho quando, aos 43 anos, os outros 50% a vida cobrou em forma de doença. Desencarnei com câncer de laringe.

Aquele senhor Caveira me salvou da obsessão. E a doença liquidou velhos débitos da alma em função de atitudes infelizes de outra era. Ele é conhecido na umbanda como um exu, uma entidade forte e protetora contra o mal. Ele me fez um enorme bem. Poderia ter parado com minha vida aos vinte e poucos anos, mas vivi o dobro. A bondade celeste não me faltou e nem me abandonou.

Se você pensa em se matar, reflita no que vou dizer: não vale a pena!

Viver dói, mas vale a pena!

A vida tem muitos caminhos. No meu caso, a fé me salvou da morte. A fé me alimentou de esperança. Não estou falando de religião. Eu mesmo fui poucas vezes àquele ambiente religioso depois daquela cura abençoada. No fundo, eu recuperei, com a ajuda da religião, a fé em mim mesmo. Já basta!

Que minhas palavras te empurrem para frente. Vou repetir para você o que me disse aquela entidade espiritual. Isso me serviu de lema e força para o resto da vida:

> "Você não veio ao mundo para morrer. Você veio ao mundo para viver".

RODRIGO NEVE

UM PEDIDO DA EQUIPE DE MARIA DE NAZARÉ PARA OS POTENCIAIS SUICIDAS

Atendemos aos gemidos sofridos e solitários das mães que perderam filhos pelo suicídio e todos que sofrem a desorganização mental diante desse quadro cruel.

Nesse momento, milhões de almas no planeta pensam em se matar. Muitas famílias ficarão órfãs de seus afetos e a dor vai crescer.

Uma oração, um pensamento de alegria, uma música enviada aos que pensam em exterminar a vida física, pode ser a ponte que precisamos para atravessar a mente dos que se encontram amargurados com a dor de viver.

A ajuda de vocês no mundo físico chega a ser insubstituível, em vários casos, pela natureza material da força energética que são capazes de irradiar.

Se querem nos auxiliar nos serviços do bem nesse setor, enviem suas contribuições a cada manhã, às 6 horas, e a cada noite, às 22 horas. É quando fazemos uma reserva de forças para aplicar em casos específicos de potenciais suicidas.

Não podendo nesses horários, façam quando puderem, mas lembrem dos serviços pela prevenção da vida.

Uma reencarnação é bênção incomparável de difícil organização nos dias atuais. Jogar fora uma oportunidade é loucura declarada.

Agradecemos a cooperação amorosa de todos.

C A P Í T U L O   1 3

O SUICÍDIO DE UM PASTOR EVANGÉLICO

Jesus é nosso Pastor. Pronunciar o nome do Cristo me alivia do remorso infinito.

Fui pastor na igreja e, mesmo assim, cometi o pior dos pecados. Arruinei meu templo de barro, meu corpo sagrado.

Atirei no peito e hoje trago aqui uma larga e viva cicatriz (ele colocou a mão no meio do tórax). De vez em quando a ferida sangra. Do nada começa a vazar. Isso me perturba muito. São passados oito anos; estou melhor, medicado, frequento reuniões evangélicas, aqui na vida das almas vivas e, mesmo assim, com todo amor com que sou cuidado, ela sangra.

Deus tem poder! Hoje estou me sentindo até bem. Eu não queria escrever, mas como foi um pedido de quem cuida de mim, eu não resisti. Morro de vergonha do que fiz. Nem me foi permitido visitar meus familiares. Prefiro não contar os motivos. Eu traí, basta dizer isso. Tenho muita raiva. Fui um covarde, isso sim. E ainda infernizei a vida de muita gente. Jesus seja com eles!

Tenho raiva também da igreja. Pelas contas, insisti nessa ideia estúpida de dormir após a morte[25] pelo menos uns dois anos. Todos que tentavam me acordar, quando eu abria os olhos, se não pareciam com Jesus, eu apagava em profunda auto-hipnose e mergulhava no sono. Recusava ajuda. Só Jesus teria autoridade para me tirar daquele lugar horrível. Nem abria os olhos porque era só tragédia que via.

Eu não tenho a mínima autoridade para pedir nada, sou um verme. Por isso insisto: evite o suicídio. É uma loucura que custa muito mais caro do que qualquer dor que venhamos a sofrer nessa vida!

Aleluia e que Jesus me perdoe para que eu tenha força. Tudo é muito doloroso...

(O ESPÍRITO COMEÇOU A CHORAR E NEM FALOU O NOME)

FÉ NÃO É SÓ ENCONTRAR DEUS, É ENCONTRAR A SI MESMO

O suicídio do pastor não aconteceu por falta de religião, nem por falta de Deus. Aconteceu porque seu

---

25 As crenças fundamentadas no psiquismo ultrapassam a realidade do momento. O corpo astral estava adormecido, mas o corpo mental permanecia submetido aos núcleos de sofrimento causado pelas crenças. (N.E.)

coração estava vazio de si mesmo. Ninguém consegue uma vida estável e nutridora sem alegria e sem ter a confiança em si próprio.

Nosso querido pastor não tinha a senha de acesso ao seu ser profundo para extrair de lá a divindade, a luz que enobrece e sustenta a vida.

Nascemos com essa força interior, embora a dor do carma quase sempre nos afaste dela. A dor da colheita de espinhos plantados por nós mesmos.

Ele era um homem atormentado por culpas de outros tempos. Encontrou conforto na religião, mas não se encontrou.

Para aqueles que pregam que a dor é falta de Deus, me perdoem divergir.

Sofremos pela falta e pela saudade de nossa essência; sofremos por conta de um buraco que se abre no coração, por não conseguirmos entender a razão de viver e o destino de todos nós.

Quem consegue se encontrar e se conectara essa energia acha a resposta para todas essas dores existenciais e, por efeito, encontram Deus em si.

A religião é o bendito caminho para muitos, entretanto, nem todos conseguem encontrar Deus na religião. Esse desencontro tem muito mais a ver com suas próprias lutas espirituais do que com a religião em si.

Não é a religião que afasta você de Deus. É o preconceito que separa e estimula a aversão.

Não é a traição que deixa você longe de Deus. É sua falta de autoamor em resgatar sua força divina diante das ofensas da leviandade alheia.

Não é a diversão que te desliga de Deus. É quando você usa o tempo da alegria para se afogar em ilusões.

Não é a ciência e a inteligência que te separam de Deus. É o seu descuido em aprender a linguagem que o Pai usa para falar com seu coração.

Não é a inveja que te separa de Deus. É sua incapacidade de olhar para o tesouro de seus próprios talentos e habilidades, confiados a ti por Ele.

Não é o medo que te afasta de Deus. É você não tomar a decisão de enfrentar seus fantasmas e se arruinar na derrota sem tentar e lutar pela superação.

A religião é caminho. A fé é a emoção que te conecta com o bem, com sua força pessoal, com sua estabilidade, com sua alma. Fé é o que te sustenta no clima da serenidade diante dos desafios. Quer força maior? A fé é o oxigênio da alma.

Fé é o encontro com seu valor pessoal. Estamos precisando aprender a ter mais fé em nós, nas nossas capacidades, em Deus. Deus é causa primária, e nosso estado interior é reflexo da Sua divindade.

Quanto sofrimento nesse mundo, simplesmente, porque não sabemos como desenvolver ou nos conectarmos com esse recurso curador, ou seja, que cura a dor.

Sem fé, instala-se o vazio e, com o vazio, a criatura desorienta-se na dor e na tristeza.

Quem sabe como acessá-la, aprendeu mais que longos cursos de religião. É mais capacitado que aquele que se fecha nos templos sem se encontrar. É mais feliz que aquele que aspira a felicidade nas ilusões da matéria.

Com fé, qualquer ser humano é capaz de alcançar tudo que quer.

Que vantagem haverá para nós sermos isso ou aquilo na religião e não saber manejar essa força dentro de nós? Essa é uma das maiores vitórias da vida. Todos temos fé, todos fomos criados com ela. Saber acessá-la é conquista.

CAPÍTULO 14

FUI RICO DE BENS MATERIAIS, MAS MISERÁVEL DE ALEGRIA E PAZ NA ALMA

Eu pulei do vigésimo terceiro andar. Aos 53 anos tinha em abundância o que falta a muita gente: dinheiro.

Podia comprar o que queria e nem assim a vida teve sentido. Foi em 1970. Mais de meio século atrás. Ninguém nunca pronunciou comigo a palavra depressão; essa doença era tão falada à época. Mas foi isso certamente que me derrubou.

Nem eu, nem ninguém entendia como podia um homem como eu estar daquele jeito. O meu nível de depressão foi tão cruel que, quando me joguei, cheguei a enxergar duas asas enormes em meus ombros. Eu me lembro nitidamente, até hoje, e me faz muito mal. Só de escrever sobre isso, meus ombros mexem como se eu fosse bater as tais asas ilusórias.

Onde me internaram, fiquei vendo essas asas empapadas de sangue por muitos anos. Era um hospício a céu aberto. Um vale, considerado o local de encontro dos que se matam. Vi cenas horríveis que não compensa descrever. Ave Maria! Deus nos perdoe. Deus me perdoe pelo que fiz.

Ainda tenho zumbidos fortes, manco das duas pernas e tenho dores de cabeça que me desgovernam.

Hoje, com um pouquinho mais de calma, porém, já consigo entender o grande engano que cometi. Já sei que não existe a morte, entretanto, as dores nas partes do corpo espiritual e as dores de saudade dos meus entes não tem como descrever. A única coisa que me faz aceitar essa dor dilacerante é saber que cometi uma violação gravíssima, mesmo assim, com muita revolta de mim mesmo.

Tenho estudado a depressão. A cabeça ainda não ajuda muito pois, depois de algumas horas lúcido, tenho sempre algum tipo de crise.

O sentido da vida não pode ser encontrado em bens materiais, essa é a maior ilusão que pode existir. O sentido da vida está em saber usufruir internamente desses bens. Aí sim, a vida pode ter sentido e ser rica de alegria e outras felicidades que desprezei. Tornei-me um escravo do ganho material, enriqueci, e me transformei em um miserável de vida espiritual.

Falam que poderei renascer em breve e que terei algumas doenças. Não entendo bem isso e, sinceramente, ainda nem sei se acredito.

Hoje estou aqui com meus médicos, escrevendo esta carta. Sinceramente eu nem sei o que dizer sobre isso. Parece que sou esse homem que escreve, parece que estou no corpo dele. Nunca, em todos esses anos, senti o cheiro do corpo físico como agora. Deu vontade de estar vivo. Eu não sei quem ele é. A única coisa que me falaram é que eu falasse de mim e da minha dor para ajudar a outros. Não imagino como é essa tecnologia da mediunidade, não entendo. Assusta-me ver que sou visto, ouvido e que minhas palavras se transformam em texto.

Se isso for levado a alguém, eu agradeço. É a única coisa que tenho a dizer. E que se alguém estiver me escutando, que minha experiência sirva de lição. Eu preciso parar agora. Tudo começa a ficar estranho para mim.

Sou católico e que Deus tenha piedade de mim! Amém!

RODOLFO

APARELHAGEM DE RECUPERAÇÃO PARA SUICIDAS NO HOSPITAL ESPERANÇA

Rodolfo é um caso raro.

Ele não tinha uma doença nos quadros típicos da doença mental. O mais perto de sua história seria mesmo uma depressão.

Radiografando o caso em minúcias, percebemos se tratar de uma história de "carma de genealogia". Ele trazia nas células do próprio corpo os resíduos cármicos de quatro gerações suicidas na família de seu pai[26].

Era sua primeira existência na vida carnal com interferência direta de DNA cármico, a energia que modula a composição neuroquímica do corpo físico.

No Hospital Esperança, usamos uma técnica de dessensibilização celular na qual se pode interferir no campo energético dos genes, programando uma nova ordem de sequências vibratórias. Durante o processo dessa técnica, similar a microcirurgias, com incisão no perispírito, são feitas limpezas em chacras específicos. Percebemos nitidamente que forças nocivas ali agregadas eram devolvidas aos ancestrais vivos ou desencarnados.

---

26 Apesar da ciência já detectar, na história da família, casos anteriores de suicídio, o que vem confirmar nesse pensamento, não existe fatalismo nas provas. Sempre que um espírito é inserido num contexto de dificuldades, ele traz em si mesmo as causas que vão situá-lo naquelas circunstâncias.

Vivemos em um sistema e, para a maioria esmagadora das pessoas no planeta Terra, distanciar-se dessa teia energética é um desafio de largas proporções.

As novas tecnologias usadas por aqui permitem atendimentos mais rápidos aos suicidas. Atualmente, raramente, um suicida acompanha a decomposição de seu próprio corpo. Mecanismos avançados de tecnologia de fora da Terra, trazidos por doutor Bezerra e seres intergalácticos, foram disseminados nas últimas quatro décadas; enquanto o Hospital Esperança conta com avanços não imaginados há cinco décadas.

Esses recursos são facilitadores da aglutinação dos corpos sutis que sofrem uma fragmentação agressiva e fortemente impactante com o ato do suicídio, além do que reordenam a cadeia genética afetada pela intensidade do ato.

Os registros do hospital falam em casos que ficaram anos para atingir esse objetivo. Com essa tecnologia é possível fazer a integração de corpos com algumas horas ou dias, e o resultado é o retorno à consciência com nível incomparável de tempo, sem a fixação mental no ato delituoso.

Outros aparelhos permitem uma interferência tão profunda na mente humana capaz de "sedar o corpo mental inferior", retirando o suicida da condição de ficar repetindo sua morte por séculos nas memórias da vida mental.

O Vale dos Suicidas, citado na magnífica obra mediúnica de Yvone Pereira[27] já foi extinto há tempos; novos centros urbanos, similares a hospitais de tratamento mental avançado distanciaram essas pobres criaturas da lama dos umbrais e das regiões de dor.

Na vida astral, a ordem do Cristo é não deixar ninguém órfão de amor e transmutar todo núcleo de sombra do planeta.

Se até os maus são acolhidos com avançada tecnologia para destiná-los a outros mundos e ao recomeço, o que não se fará por criaturas que sofreram o peso de uma vida sem sentido e se mataram em crises de loucura e más escolhas? Esses são muito amados no mundo espiritual. Mesmo tendo que colher os frutos de suas escolhas no fundo do coração, são amparados, cuidados e socorridos como crianças desorientadas.

O suicídio, sem dúvida, é uma lástima, não exclui o sofrimento interior. Portanto, não cometa esse ato. A misericórdia divina pode eliminar os reflexos exteriores dessa infelicidade extinguindo locais e reorganizando seus corpos; no entanto, os motivos dolorosos dessa atitude continuarão sob responsabilidade do

---

27 *Memórias de um suicida*, Yvone Amaral Pereira.

suicida, exigindo uma longa e desafiadora caminhada para resgatar a alegria de viver e a bênção da gratidão pela existência.

C A P Í T U L O   1 5

EU ME ACHAVA A MULHER MAIS FEIA DO MUNDO

Quando estava encarnada, meu principal desgosto era com meu corpo. Achava-me a pior das mulheres. Sofria palpitações no coração quando achava que alguém estava me olhando.

Eu já conseguia sentir quando os rapazes me rejeitavam e a palpitação piorava. Nem precisavam falar nada, e eu já sofria.

Pelas informações que me deram aqui no astral, faz 40 anos que me suicidei. Foi em 1978. E para ter uma ideia do que é atirar nos miolos, até hoje eu não consigo acreditar que o mundo está em 2018[28]. Têm coisas que não entram em minha mente. Tenho dificuldade de entender o tempo.

Não posso parar nem para pensar nisso que começam as tais palpitações de novo e entro em uma zonzeira tão intensa que caio ao chão, machuco e só volto horas depois, totalmente cheia de aparelhos no corpo.

Estou sendo tratada. Não consigo pensar e até para escrever isso é muito difícil. Estou tendo a ajuda

---

28 Data da psicografia da mensagem. (N.E.)

daminha avó Juliana, que está aqui e, praticamente, me dita as palavras.

Eu me ofereci para falar. Podia escolher não falar, mas me disseram que seria uma forma de começar a treinar minha mente.

Estou mais falando que escrevendo. Eu não entendo como é essa coisa de médium, mas acredito porque vejo as palavras digitadas surgindo numa tela, iguais as que falo.

Eu ainda não entendo muitas coisas. Só sei que já melhorei bastante. Não conseguia coordenar 15 minutos os pensamentos. Hoje, sou capaz de ficar dias sem crise, sem pensar nas loucuras que me aconteciam.

Estourei meu cérebro, perdi meu corpo e continuo me achando a mais horrorosa do planeta.

O que aprendi é que suicídio não funciona.

Nem imagino se estou sendo útil a alguém. Minha vozinha chora. Estou muito arrependida e a minha cabeça ainda dói muito.

Está claro que não valeu a pena.

Eu me despeço.

BRÍGIDA

LIBERTE-SE DE SEUS CARMAS INTERIORES, ESSA É A HORA!

Brígida tinha o nó da baixa autoestima em si própria. Edificou um castelo de ilusões em outras vidas, abusando do sentimento alheio. Deixou um rastro de desrespeito e desprezo tão grande que criou uma prisão em seu mundo mental.

A energia que vigora em sua aura é a da rejeição, da insignificância. Sente-se profundamente desprezada e não amada; rejeitada por si mesma.

Ela espezinhou tanto o coração alheio, ferindo o seu próprio, que gerou uma masmorra de solidão e angústia na alma.

Temos muitas Brígidas pelo mundo afora.

Para você segue esse alerta: diante das dores emocionais de não sentir e nem amar a si mesmo, lembre-se que a plantação é livre, mas a colheita é obrigatória.

Essa é sua hora de mudar, irmão(a)!

Você deve ter feito algo para travar seu caminho em algum lugar e momento, na noite dos tempos da sua evolução. Sua alma sabe disso. Ficou um aprendizado pendente. É hora de destravar isso. É hora de soltar esse nó cármico dentro de você. Esse nó que faz você se sentir feio, incapaz, inferior. Que te causa a dor da incapacidade e da vulnerabilidade excessiva. Que te faz se sentir imundo e não merecedor.

Respire fundo, olhe para o céu e diga: "Dessa vez eu consigo! Dessa vez eu aprendo!"

Mais importante que tudo nessa vida é você ter você de volta. Do contrário, a vida pode te deixar sem tudo que gostaria de alcançar. O suicídio não é solução, é tirar de si mesmo a nova chance.

Realmente, você não tem mais opções. É a hora de aprender e aceitar! Vivemos essa hora espiritual no planeta Terra.

Deus não te colocaria em uma prova que você não tem condições de vencer e escolher a melhor opção. Colhemos somente frutos daquilo que plantamos.

Deseje ardentemente sua melhora. Deseje ardentemente sua libertação e persista na busca dela. Será exigido: paciência, oração e atitude.

Deus não resolverá o que você tem que resolver. Ele pode, porém, te apoiar se você oferecer o básico.

Vai com tudo de melhor que você possua que vai dar certo. Faça o seu melhor e a vida vai colaborar para que você desate os velhos nós na sua alma em favor da sua paz.

Escolha a vida, escolha melhor dessa vez. Nunca ficamos sem resposta quando oferecemos o melhor para a edificação do bem e da luz espiritual dentro de nós.

Que Deus te acompanhe e liberte!

CAPÍTULO 16

O SUICÍDIO NÃO RESOLVE NADA E SE TORNA MAIS UM PROBLEMÃO

Eu desejo boas energias a quem me lê. Escrevo aqui com a maior dificuldade porque nunca escrevi uma linha. Acho que nunca anotei corretamente um número de telefone. Detesto escrever. Vou falando e o médium faz o que puder.

De cara quero dizer o que sempre digo: há muita loucura em uma mente quando se opta pelo suicídio. É meu caso.

Só que eu não era um louco. Nunca tomei uma pílula. Aí é que tá! Devia ter tomado. Devia ter procurado um médico de cabeça. Hoje tomo medicação "a rodo" aqui entre as "almas penadas" (uma brincadeira). Eu mesmo sou uma alma penada. Sei lá, tenho horas de crise que nem sei se existo.

Tá achando que suicídio termina com as dores da matéria? Que bobagem. Fui um otário, desculpe a palavra. Tinha um belo corpo. Hoje, até já sei que está difícil voltar pro mundo dos vivos. Não posso nem pensar, que corro risco de crise.

Sim, tenho pelo menos uma crise diária. Crise mental. Meu avô Cidalino é quem segura a minha onda aqui. Ele tá aqui me pedindo para falar disso.

Minhas crises são muito parecidas com o que sentia quando na carcaça física. Tinha um vazio no peito. Uma terrível sensação de que ninguém gostava de mim. E acho que não gostavam mesmo. Eu era um estorvo, um peso na vida de todo mundo.

Hoje já sei que, ao invés de ficar acusando e cobrando de todo mundo o amor que eu desejava, era eu quem deveria ter dado esse amor. Caraca, viu!

Nasci em uma cidade do interior do Rio de Janeiro. Meu vô pede para não dizer qual. Fui pobre, mas estudei bastante. Podia ter sido um advogado dos bons. Fui um impostor de porta de cadeia, isso sim. Já era dura a vida, ainda melei mais com tudo que fiz.

Aos 40 anos não suportei tanta falta de sentido. Pra que viver nessa porcaria de mundo? Pra que tanto esforço? Tanta gente desonesta se dando bem. Era o que pensava. E ficava cada vez mais revoltado e infeliz.

Saí da casa da família e fui pro mundo. Viajei muito. E nada mudava dentro de mim. Cada vez pior, mais triste, mais inconformado, sem graça, com mau-humor e irritado. Pra que um lixo como eu nascer? É o que eu me perguntava.

Foi então que resolvi dar cabo da vida.

Dei um tiro na goela. Até hoje dói só de pensar. Se eu pensar muito, começa a sangrar. Conclusão: além de uma vida bem infeliz, agora tinha um pescoço estourado e cheio de marcas.

Fui parar em uma enfermaria e a primeira coisa que desejei saber é quem pagava o hospital, quem se interessou por esse estrume que sou eu. A resposta veio. Era uma tal dona Modesta[29], amiga de meu vô. Eu a conheci depois. Foi a única pessoa que me fez sentir amado. Hoje sei bem quem ela é, e do que ela é capaz.

Estou me recuperando aos poucos. Já sei o que fazer para não sangrar a ferida e já sei quando vou entrar em coma. Tomo meu remédio e faço as coisas que me ensinaram. Muito duro!

Não resolvi porcaria nenhuma com o suicídio. Arrumei foi mais encrenca. E já sei também que se um dia voltar ao planeta, vou ter muita sinusite, pulmão colado[30], asma da brava e outras coisinhas mais. Difícil!

---

29 Maria Modesto Cravo, nasceu em Uberaba, em 1899 e desencarnou em Belo Horizonte, em 1964. Foi uma das pioneiras do Espiritismo em Uberaba. Médium de excelentes qualidades, trabalhadora incansável do amor ao próximo e mulher de muitas virtudes. Era conhecida carinhosamente como dona Modesta. É autora espiritual dos livros *O lado oculto da transição planetária* e *Os dragões*, desta editora. (N.E.)

30 Aqui pode-se tratar da fibrose pulmonar, onde as fibras que constituem o pulmão não se expandem na respiração.

Se a minha fala servir pra alguma coisa, vai ser bom. Até que gostei de estar ao lado desse médium. Parece ser um cara bom. Foi a primeira vez que entrei em uma casa no mundo da matéria.

Agradeço aí quem fez essas coisas rolarem.

Tá bom, é isso aí!

EDMILSON

O QUE ACONTECE COM A ENERGIA VITAL DE QUEM ANTECIPA SEU DESENCARNE

Quando o espírito retorna ao corpo físico, um projeto de reencarnação é construído.

Algumas vezes, quando mais consciente de suas necessidades, e com equilíbrio mental suficiente, o próprio reencarnante participa do processo junto dos seus benfeitores espirituais.

Nessa ocasião, são organizados e avalizados pelo tutor da reencarnação os detalhes do corpo físico, da família, da localidade e diversos itens que podem agregar valor na evolução da alma.

Entre esses itens, o tempo de vida física é ponto fundamental.

Por exemplo, se for planejado para alguém viver 50 anos, se tirar sua própria existência 20 anos antes, o campo etérico do perispírito ficará condensado por anéis de força, que são similares a condensadores que guardam energia e são implantados por cirurgias nos principais chacras, durante os primeiros meses de retorno à matéria. O perispírito tem autonomia para gerar e gerir esse fluxo de vitalidade. Ainda assim, são feitos esses agregados por técnicos da reencarnação.

Essa técnica é usada prioritariamente e quase exclusivamente em casos de quem já se infelicitou com autoextermínio. Funciona também como preventivo; pode ser ajustado para garantir uma dose adicional de "energia da vida" em momentos de dor, já que, perante a perda da vontade de viver ou de sentido para a existência, a mente torna-se incapacitada de se articular sem esses aportes, alterando o mecanismo autodefensivo do instinto natural de sobrevivência.

A perda do sentido da existência é, para alguns, um susto para recuperarem sua postura perante a vida. Para outros, no entanto, que repetem vivências de outras vidas autodestruídas, é rota para a depressão e dor emocional que surge como um efeito do prolongado comportamento de egoísmo da criatura perante a vida.

Observem essa frase na fala de Edmilson: "Hoje já sei que, ao invés de ficar acusando e cobrando de todo mundo o amor que eu desejava, era eu quem deveria ter dado esse amor. Caraca, viu!"

A falta de sentido para viver é um fechamento do espírito em si mesmo como uma flor que se fecha para não receber os raios do sol e da vida. Um fechamento psíquico que comunica a seguinte mensagem: "Eu não aceito que as coisas sejam assim como são. Escolho me revoltar contra tudo e contra todos". Essa atitude é um fechamento para o viver, uma rebeldia inconsciente e reativa à contrariedade e ao desgosto que experimenta diante da realidade necessária para sua vida.

A revolta se acentua a cada novo círculo de fechamento mental até o espírito se perder nos motivos que o levaram àquela blindagem psíquica, ocorrendo uma implosão nas forças internas no tecido dos sentimentos, uma profunda ferida de ódio que produz o veneno da secura na alegria de viver.

A perda de sentido de viver é uma barreira fina entre escolher o enfrentamento dos desgostos da vida e a queda no poço escuro da inconformação. Entre movimentar-se para transformar a si mesmo ou encolher-se na ruína da fuga.

Edmilson saiu do corpo pelo suicídio 15 anos antes do seu tempo de projeto de vida. Foi um caso delicado porque passou um tempo em zonas de vampirismo etérico bem próximas à Terra, que consumiu sua energia vital.

Embora o conjunto de iniciativas atuais nos planos astrais vise libertar a todos desses dramas aterrorizantes, algumas vezes, temos que nos valer de paciência com algumas etapas naturais do processo de esgotamento da energia vital dos anéis, até conseguir intervir com a bênção da generosidade divina.

Edmilson sofreu horrores no campo mental em função desse estágio prolongado. Seus anéis de energia de vitalidade foram tremendamente explorados por seres inferiores, sedentos da energia densa do corpo. Mesmo com certa demora, ele foi retirado dos ambientes de exploração e vampirismo, depois de algum tempo. Ainda assim, socorrido e bem cuidado no Hospital Esperança, durante anos depois da morte do corpo, teve que se submeter a exercícios e tratamentos específicos por ter sabotado o seu plano de vida.

Essa energia fornecida à estrutura perispiritual relativa aos 15 anos de antecipação de seu desencarne, provocava contínuas crises de expansão do tamanho de seu corpo espiritual, que se inflava, e lhe causava muita dor, incapacidade de manter-se em pé e uma profunda perturbação mental com a lembrança da forma escolhida para se matar. O mesmo acontecia enquanto estava nas zonas purgatoriais; sendo que, lá, nesses momentos de expansão, o corpo astral era sugado por meio de vampirismo, voltando a sua forma natural. Abutres da energia vital lhe esvaziavam o ciclo de dilatação.

No hospital, para que esses ciclos amenizem, são feitas transfusões nas quais a energia vital sobressalente é literalmente armazenada para outros fins úteis. Um processo lento e minucioso que pode levar até 24 horas, tanto feito por vampirismo hostil quanto por tratamento de reequilíbrio.

Por isso Edmilson menciona, e com razão, no título de sua mensagem: "O suicídio não resolve nada e se torna mais um problemão".

CAPÍTULO 17

FOI UMA IGREJA QUE SALVOU MINHA VIDA

Eu tinha apenas 18 anos. Sonhava fazer algo na área médica.

A vida nunca me favoreceu com facilidades, mas as enfrentei.

Cheguei à medicina com muito louvor e esforço. Quando estava para entrar nos ciclos de residência rural e atender em pequena cidade do Mato Grosso, fui tomada por estranha e opressora dor interna.

Sonhos horríveis tornavam minhas noites cheias de tormenta. Via pessoas acamadas, muito doentes que queriam me matar. Comecei com pensamentos muito estranhos de morte naqueles dias, e depois de um tempo passei a desejar a morte. Algo completamente fora do meu controle.

Eu não pensava em me matar, recusava essa ideia, mas sabia que se não fizesse algo, bem rápido, chegaria a isso. Não sabia explicar o que acontecia, mas era uma força maior do que minha própria vontade. Quase desisti de tudo.

Um dia, cheguei ao pior. Acordei com uma vontade inexplicável de passar a faca no meu pescoço. Não tinha controle sobre esse pensamento. Já estava com 26 anos quando tudo isso aconteceu. Apavorei-me e queria voltar à cidade de Cuiabá[31] onde meus pais moravam. Resisti com muita garra.

Na noite seguinte a essa ocorrência, sonhei com um padre me pedindo para rezar. Acordei lembrando esse sonho e, naquele dia, parei tudo, faltei ao trabalho e fui para Igreja de São Pedro, em Sorriso[32].

Sempre achei aquele lugar muito atrativo, mas não conhecia lá dentro. Entrei, assentei-me e fiquei olhando para a beleza arquitetônica de tudo aquilo. Já me senti melhor, foi me dando uma leveza, uma sensação de desligamento do mundo, um bem-estar que não sentia há muito tempo.

De repente, senti um arrepio muito forte e em seguida recordei o padre do sonho. Uma forte necessidade de rezar me invadiu a alma. Eu não sabia nada além de um Pai Nosso. Por mais de uma vez orei em voz alta.

---

31 Capital do estado de Mato Grosso, região central do Brasil.

32 Sorriso é um município brasileiro do estado de Mato Grosso. É reconhecido como a Capital Nacional do Agronegócio e o maior produtor individual de soja do mundo.

Fui tomada por um choro convulsivo e incontrolável. Cheguei a me envergonhar. Uma senhora perguntou se estava tudo bem, e eu disse que ia ficar.

Parece que chorei tudo que nunca chorei na vida. Estava limpa de alguma coisa por dentro.

Passei a ir à igreja religiosamente, pelo menos uma ou duas vezes por semana. Cada vez mais eu sentia a necessidade de Deus quando estava lá.

Aquele lugar me salvou, porque milagrosamente eu nunca mais voltei a ter as mesmas sensações.

Minha vida correu livre daquela tormenta. Formei e tive um trabalho enorme na capital durante décadas, como médica pediatra. Os anos viraram e lá pelos 35 anos me casei e tive um filho que se suicidou aos 19 anos.

Já faz alguns anos que estou trabalhando no Hospital Esperança. Vivi na vida material até os 67 anos. Hoje trabalho e sirvo a essa causa. Aquele filho, hoje sei disso, foi quem se aproximou de mim naquelas noites tormentosas, cerca de 10 anos antes do seu renascimento e me influenciou com toda aquela dor.

Experiências espirituais que vão além de nossa compreensão.

Rogério, meu filho, ainda se encontra por aqui. Passados longos anos de sua decisão infeliz, ele foi acolhido pelo hospital. Deve voltar em breve para o corpo físico. Tive a felicidade de acompanhar seu tratamento desde que aqui cheguei.

O desencarne pôs luz em minha consciência. Rogério já trilha meus passos há várias vidas. Vai recomeçar o caminho e, creio, terei permissão para socorrê-lo como mãe espiritual.

A vida nos traz as experiências que merecemos e precisamos. Vim a conhecer também aquele padre que me inspirou. Era um bispo da Diocese de Sinop[33], um coração muito amado e que hoje já se encontra novamente no corpo físico.

VINDE A MIM OS QUE ESTÃO CANSADOS E OPRIMIDOS

Naquela tarde no hospital, fomos convidados para ouvir a fala sábia do doutor Inácio Ferreira, que veio lançar um projeto de assistência junto aos sofredores da obsessão no mundo físico.

Essas foram suas palavras, resumidamente:

---

33 A Diocese de Sinop é uma circunscrição eclesiástica da Igreja Católica no Brasil, pertencente à Província Eclesiástica de Cuiabá.

"A sobrecarga psíquica sobre a mente humana pode ser considerada uma loucura silenciosa.

O medo modelou fornalhas de preocupação insensatas e imaginárias no coração das mães, na vida mental delas, cuja sensibilidade é mais ampliada.

No núcleo desse medo, estão todos que adotam a insanidade em querer controlar a vida de seus mais caros afetos, padecendo os horrores da angústia e da tristeza. Isso afeta o sono, adoece o humor e abre o campo para conexões obsessivas com um largo leque de ocorrências e características.

O amor verdadeiro, aquele que quer o bem de quem amamos, não tem por objetivo carregar as dores e as necessidades alheias. Os problemas de quem amamos não deixam de lhes pertencer porque os amamos. Sobrecarregar a vida psíquica com esse ônus é rota de perturbação com resultados imprevisíveis.

As ameaças mundanas são muitas, é verdade, mas adotar uma cautela que tenha como intenção proteger o outro de todos os males é um caminho de adoecimento. O nível de insegurança no coração dos seres humanos cresceu, o que motiva o aumento desse tipo de conduta.

O efeito é uma vida interior sem ideias e sonhos, uma escravidão por controlar pessoas e sofrer pelo que acontece ao outro, sendo que o amor é exatamente a energia que liberta. Liberta, inclusive, para que o outro aprenda pelo seu próprio sofrimento.

Os primeiros anos do século 21 estão marcados pela quase completa prisão a padrões das sociedades; enquanto o campo energético do planeta é varrido por uma força incomparável e imperiosa para quebrar com tudo que impeça o progresso e a ascensão espiritual. Não há quem consiga domínio sobre a amplitude desses caminhos.

Essa ebulição de fatos incomuns e assustadores é apenas uma das expressões da frequência na qual entrou a Terra. Tudo há de ser revelado e colocado à mostra.

E nesse cenário a marca principal que expressa o movimento das almas é a liberdade e a diversidade de caminhos. Qualquer tentativa de aprisionamento, controle e vigilância será exterminada com uma reação absurda de rejeição e desconsideração.

A mensagem do Cristo 'Vinde a mim, todos os que estais cansados e oprimidos, e eu vos aliviarei'[34], é um roteiro claro que trata dessa sobrecarga de dores imposta a si mesmo, utilizando como conceito o amor.

O amor não sobrecarrega. Alivia

O amor não controla. Liberta.

O amor não é sacrifício. É realização.

Muitos na vida física estão exaustos por achar que amar é gerir integralmente a vida alheia, e permanecem oprimidos por terríveis dores morais e espirituais como efeito dessa insanidade.

Que Jesus, nosso Pastor, nos guie nas veredas da vida; nos descanse de nossas ilusões e nos livre da opressão de nosso próprio egoísmo."

---

34 Mateus 11:28.

C A P Í T U L O   1 8

SUICÍDIO E COVID-19[35]

Não está fácil não.

Se você me perguntar se, agora, estou em pé ou deitado, eu não sei te responder. Não consigo ter nenhuma noção da minha realidade.

Eu só consigo enxergar as coisas em uma cor: cinza. Tudo é dessa cor. Sou um daltônico espiritual. E o pior, não tenho noção de distância. Quando acho que estou longe de um objeto bato a cabeça. As coisas parecem estar a 5 metros, por exemplo, mas estão a 30 centímetros de mim, aproximadamente.

Não tenho noção de distância, de equilíbrio e de cor. Por isso não consigo manter-me de pé. Já pensou o que é achar que você está andando, ter a mesma sensação de trocar passos com as pernas e, na verdade, estar se arrastando?

Isso tudo acompanhado pelo maior terror de quem mete uma corda no pescoço. Várias vezes, quando vou

---

35 Esse moço se enforcou em 15 de abril de 2020. Estava com covid-19, apavorado com tudo que estava acontecendo. Tinha 23 anos. Não deu nem o nome. Minha esposa e eu ficamos zonzos enquanto ele escrevia. Na verdade, minutos antes dele começar já sentimos a mudança astral. (N.M.)

falar, sinto que a minha língua escorrega da boca para fora. Ela vai aumentando, aumentando, parecendo uma língua de borracha. E aí eu entro em crise de susto por não saber o que fazer; piro completamente e apago. Perda total dos sentidos.

Esse relato é um resumo do que passei nos últimos tempos. Não sei quanto tempo estou aqui. Não sei exatamente quando tudo aconteceu. Lembro que era o mês de abril de 2020.

Nesse exato momento, sei que estou deitado. Essa noção eu tenho. Estou deitado em uma maca, amparado pelos médicos e com um cara escrevendo em um computador, na minha frente tudo o que eu estou pensando. Mais parece uma cena louca para minha vida. Como pode ser isso? É o que chamam de mediunidade?

Olho para os médicos e eles dizem: "Continue. Fale de você."

Falar de mim. Tudo ainda é cinza. Sinto uma zonzeira que me obriga a fechar os olhos. Não consigo domínio de mim mesmo. A única coisa que consigo é pensar. Falar com detalhes do que sinto. Afora isso, tudo parece que é um filme numa televisão na minha frente, parece que não estou onde estou, tudo some, aparece e some de novo. Não sei se isso é dentro da minha cabeça ou do lado de fora. Nem sei se posso chamar isso de loucura

Os médicos dizem que vai ser assim por muito tempo. Não tenho respostas. Só tenho medicação, exames e maca. Não sei se é dia, não sei se é noite. Tento me lembrar do que aconteceu, mas a única memória é me ver caindo do corpo que ficou dependurado. Quando falo disso, dói todo o meu pescoço.

Os médicos colocam a mão sobre o meu pescoço. Fica gelado. E me pedem para falar mais.

Não faço a menor ideia para que isso. Não tenho vontade no que faço, não tenho sentimento. Ou tenho? Não sei. Não sei. Eu sinto, mas não sei se é sentimento.

Não consigo dar sequência aos pensamentos. Parece que sou um escravo de mim mesmo. É horrível isso tudo. Será que é castigo? Será que é sonho? Não sei mais...

Os médicos pedem para que eu pare e olhe. Estou fazendo isso. Tudo está muito cinza, um cinza escuro. Parece ser uma sala onde está o computador do homem que escreve.

Quando olho, dói muito minha cabeça. Vejo minhas palavras no computador. Custo a acreditar. Tudo se mistura.

De novo a sensação da língua saindo. Já aprendi a sugá-la para dentro. Dói muito a cabeça quando faço isso.

Os médicos pedem para que eu pare. Muito zonzo...

A PANDEMIA EMOCIONAL DA INUTILIDADE E A ESPERANÇA NO RESGATE DA VIDA COM DIGNIDADE

Uma das dores emocionais mais cruéis da atualidade é o sentimento de inutilidade.

Resultado de uma profunda ferida na alma, é uma sensação horrível de falta de sentido e rumo na existência, acompanhado de exaustiva cobrança interior a respeito da capacidade e do valor pessoal.

Atinge jovens, idosos, ricos, pobres, e até quem já tinha uma vida muito produtiva e, por diversas razões, se desorientou a respeito de como continuar a viver, e manter-se em sintonia com a maravilhosa sensação de ter sonhos, planos, metas e idealismo.

Esse sentimento de inutilidade costuma ser a rota para chegar à depressão ou outras doenças severas.

A pandemia pegou em cheio quem se encontrava nesse ciclo emocional de desvalor a si mesmo. Em tais pessoas, o medo transformou-se em terror e piorou o quadro mental, chegando ao ponto de não se ver mais nenhum motivo para viver.

Isso não significa, necessariamente, que a pessoa pense em suicídio. A maioria destes recrimina essa ideia. No entanto, sentem-se acabados, sem força, sem motivação e a sensação de ruína interior aumenta muito. Passam a se sentir como mortos-vivos. Não são capazes de sair de casa. Ficam em um clima interior que pode ser descrito com a seguinte realidade inconsciente "Viver não vale a pena".

Em verdade, a mais destrutiva pandemia foi mental e emocional. O vírus mais destruidor foi o terror na humanidade. A sensação de completa falta de domínio sobre sua própria existência.

Temos uma catástrofe psicológica e emocional de inutilidade no planeta, mas é marcante que gerações renascidas após 1985 estão com um índice muito maior dessa dor em seus corações. São um grupo de espíritos atormentados, fracos, infelizes e vazios de certeza sobre a própria vida. Já renasceram assim.

Estão na faixa de idade entre 25 a 35 anos (um pouco mais ou um pouco menos), gravemente egoístas e vaidosos são escravos do ego em uma sociedade que premia essa enfermidade.

Eles aumentaram as estatísticas da depressão no planeta, porque são portadores de estados emocionais de "almas vazias", sem ideais nobres, e acabam sendo usados por gananciosos que encontram o caminho do sucesso financeiro e da fama.

Muitos deles, mais influentes, usam o *marketing* para sustentar uma autoimagem de poder e causar uma impressão de força, solidez e grandeza. Na verdade, fazem parte dessa geração que morre por dentro de tanto vazio existencial e fragilidade emocional.

Dinheiro, fama, inteligência. *Glamour* e negócios não anulam as dores do espírito.

É essa geração que vai aumentar o número de suicídios no planeta, lamentavelmente.

Porém, minha mensagem é de esperança, apesar dos cenários descritos.

Aceitem a realidade. Busquem ajuda espiritual, afastem-se de sua geração e tratem sua dor de existir para aprenderem como valorizar a vida.

Ainda existe esperança para vocês. Do contrário, Deus não permitiria que regressassem ao corpo físico para uma nova oportunidade.

Se optarem por essa mudança necessitarão de muita coragem e persistência, disciplina e meditação.

Não desistam de vocês. A depressão tem cura. A inutilidade pode ser vencida ao encontrar seu papel perante a própria consciência.

Não permita a ninguém te usar. Lute pela opinião própria e saia do sistema ideológico podre, que te consome e adoece ainda mais.

Três condutas são curativas para vocês: dignidade, amor a si e a Deus.

Que o Pai Celestial cuide dessa geração tão desorientada e infeliz!

CAPÍTULO 19

SOCORRO AOS POTENCIAIS SUICIDAS SILENCIOSOS, OS ABATIDOS POR DORES OCULTAS

Recebemos Natália nas enfermarias do Hospital Esperança, naquela noite. Uma moça que estava encarnada, muito atormentada com uma angústia intensa, pensamentos suicidas, insônia crônica, dores em várias partes do corpo, tanto físico quanto perispiritual, apresentando um quadro ansiógeno[36] grave e tristeza à flora da pele.

Eram 2 horas da madrugada. Ela dormia no corpo físico e foi trazida por amigos leais e servidores do hospital em desdobramento pelo sono.

O corpo mental inferior mantinha-se preso, ao lado do corpo físico em sua casa, junto com o duplo etérico que estava muito desvitalizado e com três chacras disfuncionais. Seu corpo físico apresentava neurotransmissores cerebrais completamente desequilibrados, anemia orgânica em formação, presença de obsessores

---

36 Que induz ou provoca ansiedade, excesso de agonia, de aflição. Capaz de causar um desejo forte e impetuoso. Que ocasiona um estado de inquietude, receio, medo, angústia. (N.E.)

dessa vida em sintonia com escolhas malfeitas, campo emocional em hibernação (bloqueios severos)[37].

Deitamos seu corpo astral na maca de nossa enfermaria. Usamos pulsos apométricos[38] para trazer o mental inferior ao ambiente e reintegrá-lo aos demais aqui no astral, enquanto alguns trabalhadores, ao lado do corpo físico em seu quarto na vida física, aplicavam passe de vitalização no duplo etérico e corpo físico, com ação de rotação invertida no chacra esplênico[39] para conter o campo anêmico.

Ela dormiu 10 horas seguidas durante aquela noite, levantou-se mais animada, vitalizada e resolveu retomar o tratamento psiquiátrico com medicações que havia abandonado, entre outras medidas que mudaram o rumo de sua existência.

Natália representa bilhões de almas na vida física que são socorridas a tempo, evitando a lamentável estrada do autoextermínio.

---

37 O corpo astral é a sede da expressão das emoções. (N.E.)

38 Na Apometria, os pulsos são emanações energéticas que expressam a força de vontade dos socorristas em dissociar os níveis energéticos doentios. (N.E.)

39 O chacra esplênico é um dos produtores de hemácias. A inversão visa reduzir a perda de energia desse chacra para amenizar os impactos da anemia. (N.E.)

As enfermarias do Hospital Esperança são tomadas por intensa atividade que cresce sem parar a cada noite. No período compreendido entre 21h até às 5h do dia seguinte, 7 dias por semana e durante um ano inteiro, sem interrupção, são socorridos os corações em aflição e na dor, que saem do seu corpo físico e buscam ajuda, ou são encaminhados por queridos servidores do bem.

Aqui, muito parecido ao socorro do mundo físico, os serviços de amparo e orientação são divididos por especialidade.

Coordeno uma dessas equipes destinadas, exclusivamente, a casos de potenciais suicidas.

Não destinamos os recursos somente aqui no hospital, mas temos também equipes para visitações a locais e acompanhamento aos socorridos durante o dia no plano físico.

Essas equipes atendem também às solicitações de outros grupos dentro do hospital, que mapeiam, em vigilância contínua, os potenciais suicidas silenciosos, aqueles que nada manifestam no mundo físico, mas trazem planos macabros a respeito de como acabar com suas vidas, ou aqueles outros que nem pensam em suicídio, embora se encontrem na rota que pode levar a essa escolha infeliz. Foi o caso de Natália.

Ela havia passado por traumas lamentáveis na infância e adolescência com abusos sexuais de parentes.

Traumas que lhe causaram sofrimento por toda a existência e, aos 40 anos, tomaram conta de seu campo mental com profunda revolta e um desejo inconsciente de morte.

O suicídio, por si só, é um ato injustificável, entretanto, para entender seus motivos sob a ótica do suicida se faz necessária muita compaixão e bondade. Retirar a vida física é um ato de enfermidade mental, um caminho para aqueles que não conseguem enxergar melhores escolhas.

São as dores ocultas que se estendem no mundo físico sem chamar a atenção dos olhos humanos. São as dores que matam o brilho nos olhos e a alegria de viver. Dores que precisam de apoio, orientação e socorro.

Em sua encarnação, Natália esteve bem. Desistiu do ato infeliz, não pensa mais nisso, se tratou e se esforçando para tornar sua vida um campo de realizações espirituais, dedicando-se à religião espírita e à mediunidade.

Ela está mais perto de entender as lições essenciais de sua reencarnação e se libertar em definitivo dos traumas e lesões que lhe assombraram por toda a vida.

ANABELA,
SERVIDORA DO HOSPITAL ESPERANÇA

ORAÇÃO A MARIA DE NAZARÉ PEDINDO SOCORRO

A interpretação que você faz do sofrimento pode deslocar sua mente para um posicionamento imaginário, capaz de piorar as condições de sua própria dor.

O pensamento doentio cria a realidade que você procura e pode te aprisionar em dores imaginárias e superdimensionadas. Ele intoxica suas emoções e, quando a prova assalta seu coração, rouba o que há de mais precioso: sua vontade de viver e sua crença no poder divino.

Mude seu foco mental e observe o resultado. Peça ajuda quando não conseguir realizar esse processo com seu esforço e vontade.

Da mesma forma, se você mantém o clima da esperança e do otimismo, sua mente trabalha com soluções criativas e energias favoráveis para que a dificuldade passe mais rápido e seja bem mais assimilada nas lições que você necessita aprender.

Existem forças invisíveis poderosas em seu derredor, esperando que você as busque com o pensamento e com o coração. São essas forças que serão sua proteção e seu sustento nos desafios de cada instante; elas alimentam a alma fortalecendo sua fé.

Acesse essa riqueza ao seu dispor. Para fazer contato com esses tesouros espirituais, recorra a um instante de oração suplicando, humildemente, socorro e amparo.

Nunca te faltará a resposta. Não existe orfandade espiritual no planeta.

Eles são espíritos do bem. Protetores, familiares, almas que te amam e querem te ajudar.

Busque-os pelo pensamento e pela fé. Chame-os pelo nome que quiser, conforme sua religião. Eles são sua família espiritual. Ouça-os. Todos podem ouvi-los, basta querer e desejar profundamente acolhê-los em seu coração.

Em nossas preces, sempre evocamos Maria de Nazaré, a mãe de Jesus, e pedimos luz e paz. Posso deixar aqui uma singela evocação para quem precisar. Uma adaptação das preces que fazemos nos serviços do bem.

É importante que o pedinte fale com muita honestidade como se sente; que vá nas profundidades dos seus sentimentos mais sombrios e os coloque nas mãos da Senhora Divina, Mãe de Jesus.

Orem sempre a Maria. Amém!

Mãe Santíssima, Maria de Nazaré,

Tem piedade da minha dor. Eu não tenho mais a quem pedir.

Preciso do seu socorro. Envia-me os seus sagrados mensageiros espirituais.

Maria de Nazaré, envia-me o amparo e a força que me faltam nessa hora.

Estou apavorado, não enxergo outra saída, Santíssima Mãe!

Sou fraco, infeliz e não consigo viver.

Necessito de apoio para mudar meus pensamentos enfermos, necessito de amor para respirar de novo. Necessito da alegria para recomeçar.

Necessito de paz, estou cansado de mim mesmo. E nada disso consigo encontrar, Santíssima. Sou um mendigo da alma, sou um infeliz. Nem sei se mereço seu acolhimento.

Perdoe-me, eu não consigo mais...

Será que eu posso beber um pingo de vida em sua bondade, grandeza, amor e irradiação, minha amada Mãe?

Será que posso resgatar minha sede de viver com um pingo de esperança?

Será, minha Santa, que posso ter um minuto de sossego na fornalha dos meus pensamentos?

A você e todas as nazarenas que trabalham nos serviços de libertação e salvamento, eu te peço, por caridade, tira minha aflição e minha dor do meu peito.

Mãe de Jesus seja por mim! Tem piedade de mim sempre e ajuda-me a viver!

AMÉM!

CONSIDERAÇÕES SOBRE UM SUICIDA

Qualquer criatura jamais tem o direito de dispor da sua vida, porque só a Deus cabe retirá-la do cativeiro da Terra quando julgue oportuno.

No entanto, a Justiça Divina pode abrandar os rigores da vida de acordo com as circunstâncias; reservando, porém, toda a severidade para com aquele que quis se retirar das provas da vida.

O suicida é tal qual prisioneiro que foge da prisão, antes de cumprida a pena. Quando preso de novo, é mais severamente tratado. O mesmo acontece com o suicida, que julga escapar às misérias do presente e mergulha em desgraças maiores.

PRECE POR ALGUÉM QUE SE SUICIDOU[40]

Pai, nós sabemos qual é o terrível sofrimento que espera os que desobedecem a Sua lei, abreviando voluntariamente seus dias; mas também sabemos que a Sua misericórdia é infinita.

Rogamos que o Senhor estenda Sua misericórdia sobre a alma de X (falar o nome da pessoa).

Possam as nossas preces e a Sua compaixão abrandarem a intensidade dos sofrimentos que ele(a) está experimentando por não ter a coragem de aguardar o fim de suas provas.

Bons espíritos, que têm por missão assistir aos infelizes, tomem nosso(a) irmão(ã) sob as suas proteções, inspirem a ele(a) o pesar pela falta que cometeu.

Que a assistência de vocês lhe dê forças para suportar, com mais resignação, as novas provas pelas quais terá de passar a fim de reparar essa. Afastem dele(a) os maus espíritos, capazes de o(a) induzirem novamente para o mal e prolongar os seus sofrimentos, fazendo-o(a) perder o fruto de suas futuras provas.

A você, irmão(ã), cuja infelicidade motiva as nossas preces, também expressamos o desejo de que a nossa

---

40 Publicado originalmente nos livros *O Evangelho segundo o Espiritismo* e *Preces espíritas*, Editora Dufaux, 2023.

compaixão diminua o seu sofrimento e faça nascer no seu íntimo a esperança de um futuro melhor! Esse futuro está em suas mãos.

Confie na bondade de Deus, que se abre a todos os arrependidos e só não está ao alcance dos corações endurecidos.

CAPÍTULO 20

A DESTRUIÇÃO DO CORPO FÍSICO TEM UM PREÇO MUITO ALTO

O local é horripilante. Evitarei carregar minha mensagem de más impressões quanto possível.

Tais locais são achados depois de muita pesquisa, usando informações de entidades assalariadas que desistiram de servir aos "donos" desses lugares e, também, aparelhos de geolocalizações.

O ambiente era de muita escuridão, luz artificial. Chegamos a mais uma região que estava prestes a se tornar um purgatório, um ambiente onde eram realizadas as exonerações psíquicas e etéricas de diversos espíritos que saíram do corpo físico em situações deploráveis, não só pelo suicídio, mas também por outros quadros que evitarei mencionar.

Chegamos com uma equipe grande, já autorizada por vigias das trevas que controlavam a entrada. Sim, muitos imaginam que esses espaços não são "comprados" por falanges do mal, que organizam e planejam tudo. Mandam e se apropriam desse cenário de horror.

No caso que vou narrar, outros servidores que não eram do Hospital Esperança, já haviam negociado a assistência a esses sofridos corações que ali vegetavam. Fomos chamados por possuir tecnologia própria àqueles doentes.

Fomos direto onde estavam os suicidas. Eram dezenas. Parecia um campo de guerra com corpos espalhados. Perdoem-me, nem sempre conseguirei evitar uma comparação para passar a ideia.

Muitos tinham convulsões, vômitos intensos. Fediam a carne podre. Chegamos a um jovem que se jogou de um prédio. Seus órgãos internos saíam na forma de bolhas para fora, um inchaço jamais visto no corpo astral. Imaginem uma pessoa com muitas verrugas, só que de tamanhos enormes.

O jovem tinha que tomar "sedativos" de cinco em cinco horas para não sofrer as dores. Aquela medicação também impedia a degeneração da pele que, ressecada, abria-se como se fosse um casulo. É assim que começa o processo da ovoidização, perda da forma do corpo perispiritual.

Se não houvesse esse tipo de assistência, aquele jovem já estaria a caminho da degeneração completa de sua forma.

Após aplicação dos sedativos, examinamos a chance de obter melhores resultados não só com as dores e a tormenta mental, mas também com essa "perda morfológica".

São casos que não temos como transportar imediatamente a locais de amparo mais organizados, nos postos de socorro ou em hospitais no plano espiritual, em função de sua vibração e das negociatas feitas com os "donos" desses locais.

É um trabalho exaustivo. Somos desrespeitados pelos vigias e há confronto entre nossos guardas e eles. São necessários muito amor, desprendimento e preparo para realizar essas incursões.

Outras vezes, os próprios vigias pedem remédios para eles também, às escondidas.

A complexidade de algumas operações nesses locais vai muito além da imaginação de quem já tem algum nível de conhecimento espiritual.

Narro a realidade com objetivos de alertar aos que pensam no autoextermínio. Existe sim um lado muito sombrio no suicídio[41].

---

41 A orientação passada pelos responsáveis espirituais desse livro foi evitar esses relatos mais sombrios dentro do possível. Algo que acredito ter sido alcançado. (N.M.)

Nunca faltarão as bênçãos da misericórdia divina. A lei no mundo espiritual é não deixar ninguém órfão da bondade celeste. Entretanto, será importante que os que se encontram na Terra, compreendam o valor do corpo físico e os efeitos infelizes de optar por destruí-lo.

ANABELA,
SERVIDORA DO HOSPITAL ESPERANÇA

REJEIÇÃO É UM TESTE SOBRE AMOR-PRÓPRIO

Os dramas envolvendo suicidas são muito complexos e variáveis. Nunca acontecem dois cenários idênticos. O jovem que se jogou de um prédio, na mensagem acima, de Anabela, vivia uma experiência psicológica muito dolorosa de amargura com a vida. Tudo começou muito cedo em sua juventude, e foram anos de sofrimento mental intenso com a rejeição.

Todos nascemos para o amor, embora nem todos amarão a você. Faz parte das lições da vida de quem não se afiniza, de quem não se simpatiza e até de quem não te queira bem.

Você pode ser rejeitado, excluído, mas ainda assim se sentir íntegro e com plena posse sobre seu valor pessoal, sobre a avaliação de seu próprio potencial. Tudo depende do amor que doa a si próprio.

Uma pessoa que não se ama, não sabe se proteger das discriminações alheias.

Desejar que todos te amem ou gostem de você, é uma ilusão que pode ocasionar muitas infelicidades em seu caminho de evolução.

Caso você tente agradar a todos no intuito de ser reconhecido, respeitado e amado, atrairá muita decepção, conflito e mágoa ao seu coração.

Essa é uma armadilha repulsiva do ego: desejar que todos o aplaudam e te apoiem.

O campo astral do sentimento de rejeição é muito negativo, impede o fluxo natural da prosperidade e da alegria.

Acolher a rejeição como se fosse um ato de injustiça para contigo, é uma porta que se abre para a vitimização, ser quem sempre sofre de uma situação ou da ação de alguém. Vitimizar-se é se sentir ignorado, banido e desprezado, um ato de mendigar amor e atenção alheia, como se isso fosse solução para essa dor da exclusão.

Se quer paz, aceite os seus opositores e tente entender o que seus sentimentos querem te ensinar sobre quem não gosta de você.

A melhor solução para esses casos é a distância emocional e física (quando possível), além de uma profunda reflexão sobre esse tipo de relação que te une a alguém. Pergunte o que tem para aprender com tudo isso.

Quando sentir-se sozinho, sem apoio ou até marginalizado, entenda que a vida está te aplicando um teste.

Todos temos o DNA da alegria e do amor inato em nosso ser espiritual. Ative-os com amor a ti mesmo.

Ainda que os outros não usem de amorosidade e bondade com você, isso não significa que não tenha valor. Avalie com clareza o que acontece, verifique se há algo que possa melhorar em você e não queira convencer a ninguém a respeito de suas qualidades.

Autoamor é a mais importante lição para quem se sente rejeitado, seja essa rejeição real ou imaginária.

Rejeição, definitivamente, é um teste sobre amor-próprio.

CAPÍTULO 21

ENCONTREI MUITO AMOR E BONDADE NO MUNDO ESPIRITUAL

Ei, meus amores da Terra!

Não, eu não encontrei por aqui corações partidos e dores sem fim...

Encontrei amor. Encontrei bondade. Encontrei mãos amigas e solidárias.

É verdade que em meio a tanta luz permanece a dor do meu ato. Isso ninguém tira de ninguém. É nosso até que venhamos a encontrar o caminho.

Dói, dói muito, mas quero que fiquem com a mensagem da esperança. Sou como aquele guerreiro ferido em plena guerra que, apavorado com tanto desespero, resolve se entregar ao inimigo.

Abri o peito à própria morte. Esfacelei meus seios.

Tirei a vida, mas o remorso escureceu minha intimidade profunda. Sou uma alma pequena que, de tanto medo de viver, acabei por me matar. Nada resolveu, nada! Só mais dor e sofrimento em mim mesma.

Não posso deixar de mencionar isso e, ao mesmo tempo, não desejo causar impacto ou fazer-lhes mais infelizes. Não é isso. Meu propósito é dizer a outros: não vale a pena em plena guerra se entregar ao inimigo.

Ainda que feridos, com medo ou sangrando, vale a pena tentar achar o caminho, lutar e combater.

Amores da minha vida, sinto-me relativamente em paz apesar de tudo. Deveria ter acreditado mais no amor e na bondade de vocês. Eu sei disso agora.

Não existe miséria por aqui, isso é verdade. Existe colheita.

Na miséria só fica quem não se perdoa. E eu estou me perdoando. Tentarei novamente. Já sei até as dificuldades que enfrentarei no futuro.

Por isso, se alguém pensa em tirar sua existência, eu digo hoje: não atrase o seu caminho. O caminho, ah, o caminho!

Eu escrevo para agradecer, não sei a quem exatamente. Agradecer porque agora sei que vocês estão se libertando da culpa. A culpa é minha, mamãe. A única culpada fui eu, meus amores da vida. Vocês foram impecáveis, lindos e amorosos.

Peço-lhes, por caridade, que sigam a missão que Deus lhes confiou. O Espiritismo e o Evangelho não foram bons para mim. São diamantes de raro valor e sou eu que não entendi, não valorizei e desprezei.

Cuidem das crianças dos outros. Façam tudo de amor que já fazem pelo bem alheio. Farão a mim também.

Tudo aquilo que eu desprezei e zombei a respeito das iniciativas de vocês no centro espírita, hoje sou eu a mendiga que precisa dessa ajuda. Estou recebendo, com muito amor do lado de cá.

Por aqui, não há corações partidos e nem miséria, existe um intenso e incomparável amor. Lembrem-se disso e agradeçam a Eurípedes Barsanulfo que me proporcionou tão grandiosa bênção em sua casa espiritual.

Fiquem com Deus.

MARIA DAS GRAÇAS FIGUEIREDO

MEDO DE VIVER E AUTOABANDONO

Existe um torturante sentimento de medo no ambiente astral do planeta. Um anel saturado dessa energia em torno da Terra. É de cor avermelhada, pavorosa, e com movimentos muito parecidos a um *tsunâmi*. O mundo está mergulhado nessa gigantesca onda energética de medo. Especialmente o medo de perder.

Ela é a razão para muita tristeza, tormenta e insônia. Foi o caso de Maria das Graças.

Entidades espirituais socorristas se reúnem aos milhões, com recursos avançados, para conduzir recursos saneadores dessa avassaladora maré de insegurança, ansiedade e desproteção[42]. Lembrem-se mais deles nesses momentos de dor e medo. São protetores do amor incondicional.

Por medo de enfrentar limitações pessoais, que causam profundo desgosto e instabilidade emocional, muitas mentes se escodem na acomodação, na fuga, na frustração crônica.

A questão é: essa forma de viver tem prazo de validade. Vai te servir por um tempo na sua vida. Depois, será o caos. Você terá que enfrentar sua verdade pessoal.

Não permita que o medo te paralise. Enfrentamento de medo é o combustível de todas as pessoas que avançam e adquirem segurança.

Acredite em você. Identifique o que te atemoriza e solucione. Sair dessa acomodação é o segredo para uma vida nova.

---

42 No livro, *Um terço da vida – enquanto o corpo dorme a alma desperta*, há muitas referências a este trabalho, coordenado pelo Arcanjo Miguel, autora espiritual Ermance Dufaux, psicografia de Wanderley Oliveira.

O medo de perder leva ao pavor. Está derrotando muitas pessoas. Colocar toda a vida no amor aos entes queridos reduz a chance de uma vida com mais alegria e recompensas. Uma vida focada em si, no autorrespeito, no direito e no dever de cuidar da vida interna mantém a saúde e a paz.

O medo de perder é um forte sintoma de quem está distante e desconectado de si próprio. De quem busca combustível para viver mais fora do que dentro de si. Está mais nos outros do que na própria força pessoal. Isso enfraquece. Isso não é o amor legítimo.

Quem tem a si, quem tem uma relação de amor verdadeira consigo mesmo, não sofre esse tipo de medo ou, se o experimenta, lida muito bem com suas fantasias e ameaças.

Quanto mais medo de perder, mais autoabandono. Quanto mais autoabandono, mais sofrimento nesses momentos de provação e testemunho de fé.

Quando encarnada, Maria das Graças fixou sua mente na pior parte do mundo. Viveu sempre reclamando com muita agressividade da injustiça humana, achava que o mundo não tinha solução; carregou para si uma parcela excessiva de dores, que lhe moldaram um estado mental de profundo medo da existência, um pânico com o ato de viver. Desistiu de viver por opção e viu no suicídio uma forma infeliz de tentar resolver essa insatisfação. Grande ilusão!

Ela precisava de tratamento, mas desviou seu foco em querer resolver problemas para os quais não tinha habilidade.

A cooperação que ilumina e liberta começa em nós mesmos. Abandonar a si para salvar o mundo não é uma boa decisão.

A principal missão de cada um de nós, ao regressar à vida física, é salvar a si mesmo, curar suas próprias mazelas, sem o que, limitamos nossas possibilidades de cooperar por um mundo melhor.

CAPÍTULO 22

VOCÊ PEDIU PARA RENASCER SIM

Olá! A quem estiver lendo minhas palavras, sou Marcus Coimbra. Pulei na terceira ponte. Fica lá em Vitória.

Estou muito arrependido. Quem pensa no suicídio fica imaginando a dor que a pessoa sentia antes. Isso porque não sabe a dor que vem depois.

É o meu caso. Já se passaram mais de 10 anos. O tratamento para dores é diário. Remédios, cirurgias corretivas. Mas o pior é o mal-estar interno.

Eu brigava muito com meus pais. Tirei minha vida aos 22 anos alegando, imaginem só, "eu não pedi para nascer".

Achava completamente insensato a ideia de que, com uma vida tão miserável, eu tivesse pedido para renascer.

Meus pais se sentiam ofendidos quando eu dizia "eu não pedi para vir ao mundo". Hoje, somente hoje, depois de tudo, é que vejo a bênção dos pais que tive.

Eu detestava pronunciar o nome de Deus e hoje, já um pouco modificado, falo até sem querer. Meu Deus! Como pude ser tão idiota, tão alheio!

Tudo ficou mais claro ao chegar aqui no hospital. Na verdade, eu sofria de um grande mal psicológico e não sabia. Eu tinha uma grande dor: esquizofrenia.

Meu Deus! Eu dizia: "como poderia ter pedido para renascer sendo tão infeliz?"

Aqui, me mostraram como eu era antes de voltar ao corpo, de onde vim. Eu fiquei mais assustado com o que vi, do que qualquer outra coisa. Ao me ver naqueles filmes[43], entendi toda a minha dor. Entendi que pedi sim para renascer e, mesmo com o que sentia no corpo físico, isso representava uma pequena parte de minha loucura.

Poderia ter feito o tratamento, mas não queria tomar os remédios. Eu fingia que engolia as pílulas, e minha mãe ficava completamente atordoada com o fato de não me ver melhorar.

Descobri então as drogas. Em cada vez que usava um entorpecente, mais louco eu ficava. Foi em uma dessas que, dirigindo, parei meu carro na ponte, saí

---

43 No plano espiritual, temos registradas todas as experiências de nossas vidas passadas e os lugares que frequentamos por lá, entre uma vida e outra. (N.E.)

correndo e pulei. Pulei sorrindo como se fosse encontrar a liberdade.

Segundo informações, já havia passado meses do tempo terreno quando acordei pela primeira vez fora da matéria. Estava cercado por muitas pessoas, entre elas meu avô. Fiquei tão perturbado ao vê-lo que achei que tinha morrido outra vez, e eles, para me tranquilizarem, disseram que não.

Estava do lado de cá, mas sentindo as mesmas dores de sempre. Descobrir que já me encontrava vivo e rever o que fiz no fim, foi e é muito doloroso. Sinto dor o tempo todo. Agora, além de louco, sou dor.

Não vale a pena!

O suicídio não resolve nada e, meus amigos, nunca pronunciem "eu não pedi para nascer". Não existe isso, pediram sim. Receberam os pais certos, o corpo certo, a vida certa; e, no meu caso, a loucura certa, aquela que me pertencia.

Tomara que minhas palavras sirvam para algo. Eu acredito em Deus. Eu acredito que pedi para renascer. Todos pedimos.

A vida no corpo físico, por mais dura que seja, é sempre melhor do que passamos aqui.

A loucura mental é puro fruto de más atitudes, é fruto de culpas, crimes e perdição. É isso que fui... eu pedi para renascer e você também.

Ouçam-me, em nome de Deus!

MARCUS COIMBRA

REENCARNAÇÃO É UM PEDIDO DE RECOMEÇO PARA A REALIDADE

Reencarnação cansa. Cansou o Marcus Coimbra.

Cansa quando distraímos do objetivo essencial do ingresso no corpo físico, quando queremos resolver o que compete ao outro resolver, quando perdemos o foco da solução dos pontos essenciais que temos para resolver no mundo interior, quando não descobrimos nossa verdadeira missão perante nossa alma.

Reencarnação tem preço, é investimento avalizado, é compromisso. Corpo físico tem um "custo". Portanto, faça seu melhor e aproveite bem. Pare de reclamar, pois os efeitos dessa conduta vão piorar sua vida. Você pede sim para voltar e resgatar seus tributos perante a consciência.

A negação da realidade no corpo físico é algo que vem ganhando proporção. Está difícil encarar, aceitar e desfrutar saudavelmente da vida na matéria, considerando tantos problemas e desafios.

Diante de tantos desgostos e obstáculos para uma vida feliz, pode parecer natural uma indiferença, uma insatisfação e uma revolta com a vida. São muitas as dores existenciais durante a reencarnação, visando a depuração da alma.

É assim que surge a negação, ou seja, a recusa inconsciente em aceitar a realidade. Essa negação é um mecanismo de defesa que cria na mente uma forma de avaliar a existência de forma a compensar as dores existenciais.

A sensação de inadequação na vida tem levado muitos corações a ignorar sentimentos, relacionamentos, acontecimentos e experiências que precisam ser olhados com coragem, para permitir condutas novas e cura de muitas sombras que atormentam e abatem o ânimo e o humor.

Essa avaliação distorcida, assim como a fuga dessa avaliação, é o fruto de uma limitada capacidade de enxergar as necessidades e dificuldades pessoais. Ela afasta da realidade e cria um mundo mental à parte.

"O reino de Deus não é desse mundo" é o que muitos alegam. Usar fundamentação religiosa para criar uma "lógica espiritual" para suas próprias amarguras é fuga, é o caminho para sofrimento moral e mental.

A reencarnação é uma oportunidade de recomeço, de enfrentamento. Enfrentar a si mesmo, suas velhas manias e crenças.

Reencarnação é repetir, e quem repete está sendo chamado a fazer melhor e aproveitar mais a oportunidade concedida pela Bondade Divina.

FICHA TÉCNICA

Título
Escolha Viver

Autoria
Wanderley Oliveira

Edição
1ª

ISBN
978-65-87210-45-2

Capa
César Oliveira

Projeto gráfico e diagramação
César Oliveira

Revisão da diagramação
Irene Stubber Peinado

Coordenação e preparação de originais
Maria José da Costa e Ednei Procópio

Composição
Adobe Indesign 2024
(plataforma Windows)

Páginas
200

Tamanho
Miolo 16x23
Capa 16x23 com orelhas de 8cm

Tipografia
Texto principal: Cambria 14, 18Pt
Título: Archer 20, 23 Pt
Notas de rodapé: Cambria 10pt

Margens
Margens: 25mm, 25mm, 25mm, 25mm
(superior:inferior:interna;externa)

Papel
Miolo Polén Bold 70g/m²
Capa Suzano Supremo 250g/m²

Cores
Miolo 1x1 cor
Capa em 4x0 CMYK

Acabamento
Miolo: Brochura, cadernos de 32
páginas, costurados e colados.
Capa: Laminação Fosca

Impressão
Instituto D' Esperance

Tiragem
1.000 exemplares

Produção
Setembro 2023

NOSSAS PUBLICAÇÕES

WWW.EDITORADUFAUX.COM.BR

SÉRIE AUTOCONHECIMENTO

DEPRESSÃO E AUTOCONHECIMENTO - COMO EXTRAIR PRECIOSAS LIÇÕES DESSA DOR

A proposta de tratamento complementar da depressão aqui abordada tem como foco a educação para lidar com nossa dor, que muito antes de ser mental, é moral.

Wanderley Oliveira
16 x 23 cm
235 páginas

FALA, PRETO VELHO

Um roteiro de autoproteção energética através do autoamor. Os textos aqui desenvolvidos permitem construir nossa proteção interior por meio de condutas amorosas e posturas mentais positivas, para criação de um ambiente energético protetor ao redor de nossas vidas.

Wanderley Oliveira | Pai João de Angola
16 x 23 cm
291 páginas

QUAL A MEDIDA DO SEU AMOR?

Propõe revermos nossa forma de amar, pois estamos mais próximos de uma visão particularista do que de uma vivência autêntica desse sentimento. Superar limites, cultivar relações saudáveis e vencer barreiras emocionais são alguns dos exercícios na construção desse novo olhar.

Wanderley Oliveira | Ermance Dufaux
16 x 23 cm
208 páginas

APAIXONE-SE POR VOCÊ

Você já ouviu alguém dizer para outra pessoa: "minha vida é você"?
Enquanto o eixo de sua sustentação psicológica for outra pessoa, a sua vida estará sempre ameaçada, pois o medo da perda vai rondar seus passos a cada minuto.

Wanderley Oliveira
16 x 23 cm
152 páginas

A VERDADE ALÉM DAS APARÊNCIAS - O UNIVERSO INTERIOR

Liberte-se da ansiedade e da angústia, direcionando o seu espírito para o único tempo que realmente importa: o presente. Nele você pode construir um novo olhar, amplo e consciente, que levará você a enxergar a verdade além das aparências.

Samuel Gomes
14 x 21 cm
272 páginas

DESCOMPLIQUE, SEJA LEVE

Um livro de mensagens para apoiar sua caminhada na aquisição de uma vida mais suave e rica de alegrias na convivência.

Wanderley Oliveira
16 x 23 cm
238 páginas

7 CAMINHOS PARA O AUTOAMOR

O tema central dessa obra é o autoamor que, na concepção dos educadores espirituais, tem na autoestima o campo elementar para seu desenvolvimento. O autoamor é algo inato, herança divina, enquanto a autoestima é o serviço laborioso e paciente de resgatar essa força interior, ao longo do caminho de volta à casa do Pai.

Wanderley Oliveira | Pai João de Angola
16 x 23 cm
272 páginas

A REDENÇÃO DE UM EXILADO

A obra traz informações sobre a formação da civilização, nos primórdios da Terra, que contou com a ajuda do exílio de milhões de espíritos mandados para cá para conquistar sua recuperação moral e auxiliar no desenvolvimento das raças e da civilização. É uma narrativa do Apóstolo Lucas, que foi um desses enviados, e que venceu suas dificuldades íntimas para seguir no trabalho orientado pelo Cristo.

Samuel Gomes | Lucas
16 x 23 cm
368 páginas

AMOROSIDADE - A CURA DA FERIDA DO ABANDONO

Uma das mais conhecidas prisões emocionais na atualidade é a dor do abandono, a sensação de desamparo. Essa lesão na alma responde por larga soma de aflições em todos os continentes do mundo. Não há quem não esteja carente de ser protegido e acolhido, amado e incentivado nas lutas de cada dia.

Wanderley Oliveira | Ermance Dufaux
16 x 23 cm
300 páginas

MEDIUNIDADE - A CURA DA FERIDA DA FRAGILIDADE

Ermance Dufaux vem tratando sobre as feridas evolutivas da humanidade. A ferida da fragilidade é um dos traços mais marcantes dos aprendizes da escola terrena. Uma acentuada desconexão com o patrimônio da fé e do autoamor, os verdadeiros poderes da alma.

Wanderley Oliveira | Ermance Dufaux
16 x 23 cm
235 páginas

CONECTE-SE A VOCÊ - O ENCONTRO DE UMA NOVA MENTALIDADE QUE TRANSFORMARÁ A SUA VIDA

Este livro vai te estimular na busca de quem você é verdadeiramente. Com leitura de fácil assimilação, ele é uma viagem a um país desconhecido que, pouco a pouco, revela características e peculiaridades que o ajudarão a encontrar novos caminhos. Para esta viagem, você deve estar conectado a sua essência. A partir daí, tudo que você fizer o levará ao encontro do propósito que Deus estabeleceu para sua vida espiritual.

Rodrigo Ferretti
16 x 23 cm
256 páginas

APOCALIPSE SEGUNDO A ESPIRITUALIDADE - O DESPERTAR DE UMA NOVA CONSCIÊNCIA

Num curso realizado em uma colônia do plano espiritual, o livro Apocalipse, de João Evangelista, é estudado de forma dinâmica e de fácil entendimento, desvendando a simbologia das figuras místicas sob o enfoque do autoconhecimento.

Samuel Gomes
16 x 23 cm
313 páginas

SÉRIE CONSCIÊNCIA DESPERTA

SAIA DO CONTROLE - UM DIÁLOGO TERAPEUTICO E LIBERTADOR ENTRE A MENTE E A CONSCIÊNCIA

Agimos de forma instintiva por não saber observar os pensamentos e emoções que direcionam nossas ações de forma condicionada. Por meio de uma observação atenta e consciente, identificando o domínio da mente em nossas vidas, passamos a viver conscientes das forças internas que nos regem.

Rossano Sobrinho
16 x 23 cm
268 páginas

SÉRIE CULTO NO LAR

VIBRAÇÕES DE PAZ EM FAMÍLIA

Quando a família se reune para orar, ou mesmo um de seus componetes, o ambiente do lar melhora muito. As preces são emissões poderosas de energia que promovem a iluminação interior. A oração em família traz paz e fortalece, protege e ampara a cada um que se prepara para a jornada terrena rumo à superação de todos os desafios.

Wanderley Oliveira | Ermance Dufaux
16 x 23 cm
212 páginas

JESUS - A INSPIRAÇÃO DAS RELAÇÕES LUMINOSAS

Após o sucesso de "Emoções que curam", o espírito Ermance Dufaux retorna com um novo livro baseado nos ensinamentos do Cristo, destacando que o autoamor é a garantia mais sólida para a construção de relacionamentos luminosos.

Wanderley Oliveira | Ermance Dufaux
16 x 23 cm
304 páginas

REGENERAÇÃO - EM HARMONIA COM O PAI

Nos dias em que a Terra passa por transformações fundamentais, ampliando suas condições na direção de se tornar um mundo regenerado, é necessário desenvolvermos uma harmonia inabalável para aproveitar as lições que esses dias nos proporcionam por meio das nossas decisões e das nossas escolhas, [...].

Samuel Gomes | Diversos Espíritos
14 x 21 cm
223 páginas

SÉRIE DESAFIOS DA CONVIVÊNCIA

QUEM SABE PODE MUITO. QUEM AMA PODE MAIS

A lição central desta obra é mostrar que o conhecimento nem sempre é suficiente para garantir a presença do amor nas relações. "Estar informado é a primeira etapa. Ser transformado é a etapa da maioridade." - Eurípedes Barsanulfo.

Wanderley Oliveira | José Mário
16 x 23 cm
312 páginas

QUEM PERDOA LIBERTA - ROMPER OS FIOS DA MÁGOA ATRAVÉS DA MISERICÓRDIA

Continuação do livro "QUEM SABE PODE MUITO. QUEM AMA PODE MAIS" dando sequência à trilogia "Desafios da Convivência".

Wanderley Oliveira | José Mário
16 x 23 cm
320 páginas

SERVIDORES DA LUZ NA TRANSIÇÃO PLANETÁRIA

Nesta obra recebemos o convite para nos integrar nas fileiras dos Servidores da Luz, atuando de forma consciente diante dos desafios da transição planetária. Brilhante fechamento da trilogia.

Wanderley Oliveira | José Mário
14x21 cm
298 páginas

SÉRIE ESPÍRITOS DO BEM

GUARDIÕES DO CARMA - A MISSÃO DOS EXUS NA TERRA

Pai João de Angola quebra com o preconceito criado em torno dos exus e mostra que a missão deles na Terra vai além do que conhecemos. Na verdade, eles atuam como guardiões do carma, nos ajudando nos principais aspectos de nossas vidas.

Wanderley Oliveira | Pai João de Angola
16 x 23 cm
288 páginas

GUARDIÃS DO AMOR - A MISSÃO DAS POMBAGIRAS NA TERRA

"São um exemplo de amor incondicional e de grandeza da alma. São mães dos deserdados e angustiados. São educadoras e desenvolvedoras do sagrado feminino, e nesse aspecto são capazes de ampliar, nos homens e nas mulheres, muitas conquistas que abrem portas para um mundo mais humanizado, [...]".

Wanderley Oliveira | Pai João de Angola
16 x 23 cm
232 páginas

GUARDIÕES DA VERDADE - NADA FICARÁ OCULTO

Neste momento de batalhas decisivas rumo aos tempos da regeneração, esta obra é um alerta que destaca a importância da autenticidade nas relações humanas e da conduta ética como bases para uma forma transparente de viver. A partir de agora, nada ficará oculto, pois a Verdade é o único caminho que aguarda a humanidade para diluir o mal e se estabelecer na realidade que rege o universo.

Wanderley Oliveira | Pai João de Angola
16 x 23 cm
236 páginas

SÉRIE ESTUDOS DOUTRINÁRIOS

ATITUDE DE AMOR

Opúsculo contendo a palestra "Atitude de Amor" de Bezerra de Menezes, o debate com Eurípedes Barsanulfo sobre o período da maioridade do Espiritismo e as orientações sobre o "movimento atitude de amor". Por uma efetiva renovação pela educação moral.

Wanderley Oliveira | Ermance Dufaux e Cícero Pereira
14 x 21 cm
94 páginas

SEARA BENDITA

Um convite à reflexão sobre a urgência de novas posturas e conceitos. As mudanças a adotar em favor da construção de um movimento social capaz de cooperar com eficácia na espiritualização da humanidade.

Wanderley Oliveira e Maria José Costa | Diversos Espíritos
14 x 21 cm
284 páginas

Gratuito em nosso site, somente em:

NOTÍCIAS DE CHICO

"Nesta obra, Chico Xavier afirma com seu otimismo natural que a Terra caminha para uma regeneração de acordo com os projetos de Jesus, a caracterizar-se pela tolerância humana recíproca e que precisamos fazer a nossa parte no concerto projetado pelo Orientador Maior, principalmente porque ainda não assumimos responsabilidades mais expressivas na sustentação das propostas elevadas que dizem respeito ao futuro do nosso planeta."

Samuel Gomes | Chico Xavier
16 x 23 cm
181 páginas

e-book

SÉRIE FAMÍLIA E ESPIRITUALIDADE

UM JOVEM OBSESSOR - A FORÇA DO AMOR NA REDENÇÃO ESPIRITUAL

Um jovem conta sua história, compartilhando seus problemas após a morte, falando sobre relacionamentos, sexo, drogas e, sobretudo, da força do amor na redenção espiritual.

Adriana Machado | Jefferson
16 x 23 cm
392 páginas

e-book

UM JOVEM MÉDIUM - CORAGEM E SUPERAÇÃO PELA FORÇA DA FÉ

A mediunidade é um canal de acesso às questões de vidas passadas que ainda precisam ser resolvidas. O livro conta a história do jovem Alexandre que, com sua mediunidade, se torna o intermediário entre as histórias de vidas passadas daqueles que o rodeiam tanto no plano físico quanto no plano espiritual. Surpresos com o dom mediúnico do menino, os pais, de formação Católica, se veem às voltas com as questões espirituais que o filho querido traz para o seio da família.

Adriana Machado | Ezequiel
16 x 23 cm
365 páginas

e-book

RECONSTRUA SUA FAMÍLIA - CONSIDERAÇÕES PARA O PÓS-PANDEMIA

Vivemos dias de definição, onde nada mais será como antes. Necessário redefinir e ampliar o conceito de família. Isso pode evitar muitos conflitos nas interações pessoais. O autoconhecimento seguido de reforma íntima será o único caminho para transformação do ser humano, das famílias, das sociedades e da humanidade.

Dr. Américo Canhoto
16 x 23 cm
237 páginas

e-book

SÉRIE HARMONIA INTERIOR

LAÇOS DE AFETO - CAMINHOS DO AMOR NA CONVIVÊNCIA

Uma abordagem sobre a importância do afeto em nossos relacionamentos para o crescimento espiritual. São textos baseados no dia a dia de nossas experiências. Um estímulo ao aprendizado mais proveitoso e harmonioso na convivência humana.

Wanderley Oliveira | Ermance Dufaux
16 x 23 cm
312 páginas

  ESPANHOL

MEREÇA SER FELIZ - SUPERANDO AS ILUSÕES DO ORGULHO

Um estudo psicológico sobre o orgulho e sua influência em nossa caminhada espiritual. Ermance Dufaux considera essa doença moral como um dos mais fortes obstáculos à nossa felicidade, porque nos leva à ilusão.

Wanderley Oliveira | Ermance Dufaux
16 x 23 cm
296 páginas

  ESPANHOL

REFORMA ÍNTIMA SEM MARTÍRIO - AUTOTRANSFORMAÇÃO COM LEVEZA E ESPERANÇA

As ações em favor do aperfeiçoamento espiritual dependem de uma relação pacífica com nossas imperfeições. Como gerenciar a vida íntima sem adicionar o sofrimento e sem entrar em conflito consigo mesmo?

Wanderley Oliveira | Ermance Dufaux
16 x 23 cm
288 páginas

  ESPANHOL INGLÊS

PRAZER DE VIVER - CONQUISTA DE QUEM CULTIVA A FÉ E A ESPERANÇA

Neste livro, Ermance Dufaux, com seus ensinos, nos auxilia a pensar caminhos para alcançar nossas metas existenciais, a fim de que as nossas reencarnações sejam melhor vividas e aproveitadas.

Wanderley Oliveira | Ermance Dufaux
16 x 23 cm
248 páginas

ESCUTANDO SENTIMENTOS - A ATITUDE DE AMAR-NOS COMO MERECEMOS

Ermance afirma que temos dado passos importantes no amor ao próximo, mas nem sempre sabemos como cuidar de nós, tratando-nos com culpas, medos e outros sentimentos que não colaboram para nossa felicidade.

Wanderley Oliveira | Ermance Dufaux
16 x 23 cm
256 páginas

ebook | **ESPANHOL**

DIFERENÇAS NÃO SÃO DEFEITOS - A RIQUEZA DA DIVERSIDADE NAS RELAÇÕES HUMANAS

Ninguém será exatamente como gostaríamos que fosse. Quando aprendemos a conviver bem com os diferentes e suas diferenças, a vida fica bem mais leve. Aprenda esse grande SEGREDO e conquiste sua liberdade pessoal.

Wanderley Oliveira | Ermance Dufaux
16 x 23 cm
248 páginas

ebook

EMOÇÕES QUE CURAM - CULPA, RAIVA E MEDO COMO FORÇAS DE LIBERTAÇÃO

Um convite para aceitarmos as emoções como forma terapêutica de viver, sintonizando o pensamento com a realidade e com o desenvolvimento da autoaceitação.

Wanderley Oliveira | Ermance Dufaux
16 x 23 cm
272 páginas

ebook

SÉRIE REFLEXÕES DIÁRIAS

PARA SENTIR DEUS

Nos momentos atuais da humanidade sentimos extrema necessidade da presença de Deus. Ermance Dufaux resgata, para cada um, múltiplas formas de contato com Ele, de como senti-Lo em nossas vidas, nas circunstâncias que nos cercam e nos semelhantes que dividem conosco a jornada reencarnatória. Ver, ouvir e sentir Deus em tudo e em todos.

Wanderley Oliveira | Ermance Dufaux
11 x 15,5 cm
133 páginas

Somente **ebook**

LIÇÕES PARA O AUTOAMOR

Mensagens de estímulo na conquista do perdão, da aceitação e do amor a si mesmo. Um convite à maravilhosa jornada do autoconhecimento que nos conduzirá a tomar posse de nossa herança divina.

Wanderley Oliveira | Ermance Dufaux
11 x 15,5 cm
128 páginas

Somente ebook

RECEITAS PARA A ALMA

Mensagens de conforto e esperança, com pequenos lembretes sobre a aplicação do Evangelho para o dia a dia. Um conjunto de propostas que se constituem em verdadeiros remédios para nossas almas.

Wanderley Oliveira | Ermance Dufaux
11 x 15,5 cm
146 páginas

Somente ebook

SÉRIE REGENERAÇÃO

FUTURO ESPIRITUAL DA TERRA

As necessidades, as estruturas perispirituais e neuropsíquicas, o trabalho, o tempo, as características sociais e os próprios recursos de natureza material se tornarão bem mais sutis. O futuro já está em construção e André Luiz, através da psicografia de Samuel Gomes, conta como será o Futuro Espiritual da Terra.

Samuel Gomes | André Luiz
16 x 23 cm
344 páginas

XEQUE-MATE NAS SOMBRAS - A VITÓRIA DA LUZ

André Luiz traz notícias das atividades que as colônias espirituais, ao redor da Terra, estão realizando para resgatar os espíritos que se encontram perdidos nas trevas e conduzi-los a passar por um filtro de valores, seja para receberem recursos visando a melhorar suas qualidades morais – se tiverem condições de continuar no orbe – seja para encaminhá-los ao degredo planetário.

Samuel Gomes | André Luiz
16 x 23 cm
212 páginas

A DECISÃO - CRISTOS PLANETÁRIOS DEFINEM O FUTURO ESPIRITUAL DA TERRA

"Os Cristos Planetários do Sistema Solar e de outros sistemas se encontram para decidir sobre o futuro da Terra na sua fase de regeneração. Numa reunião que pode ser considerada, na atualidade, uma das mais importantes para a humanidade terrestre, Jesus faz um pronunciamento direto sobre as diretrizes estabelecidas por Ele para este período."

Samuel Gomes | André Luiz e Chico Xavier
16 x 23 cm
210 páginas

SÉRIE ROMANCE MEDIÚNICO

OS DRAGÕES - O DIAMANTE NO LODO NÃO DEIXA DE SER DIAMANTE

Um relato leve e comovente sobre nossos vínculos com os grupos de espíritos que integram as organizações do mal no submundo astral.

Wanderley Oliveira | Maria Modesto Cravo
16 x 23cm
522 páginas

LÍRIOS DE ESPERANÇA

Ermance Dufaux alerta os espíritas e lidadores do bem de um modo geral, para as responsabilidades urgentes da renovação interior e da prática do amor neste momento de transição evolutiva, através de novos modelos de relação, como orientam os benfeitores espirituais.

Wanderley Oliveira | Ermance Dufaux
16 x 23 cm
508 páginas

AMOR ALÉM DE TUDO

Regras para seguir e rótulos para sustentar. Até quando viveremos sob o peso dessas ilusões? Nessa obra reveladora, Dr. Inácio Ferreira nos convida a conhecer a verdade acima das aparências. Um novo caminho para aqueles que buscam respeito às diferenças e o AMOR ALÉM DE TUDO.

Wanderley Oliveira | Inácio Ferreira
16 x 23 cm
252 páginas

LIVROS QUE TRANSFORMAM VIDAS!

Acompanhe nossas redes sociais

(lançamentos, conteúdos e promoções)

- @editoradufaux
- facebook.com/EditoraDufaux
- youtube.com/user/EditoraDufaux

Conheça nosso catálogo e mais sobre nossa editora. Acesse os nossos sites

Loja Virtual

- www.dufaux.com.br

eBooks, conteúdos gratuitos e muito mais

- www.editoradufaux.com.br

Entre em contato com a gente.

Use os nossos canais de atendimento

- (31) 99193-2230
- (31) 3347-1531
- www.dufaux.com.br/contato
- sac@editoradufaux.com.br
- Rua Contria, 759 | Alto Barroca | CEP 30431-028 | Belo Horizonte | MG